改訂版

CAMPUS ENGLISH A to Z
留学英会話ハンドブック

仁木 久恵
田中 典子
ウィリアム W. ウエスト

KENKYUSHA

は じ め に

本書を手にしておられる方は、

(1) 海外の大学や大学院に留学したい
(2) 英語集中コースで、海外生活を体験しながら英語を学びたい
(3) 国内の大学でネイティブスピーカーの教師の授業に出て、英語で適切に応答したい
(4) 外国人の友人がいるので、英語を使って友情を深めたい

など、それぞれの目的をもっておられることでしょう。

　本書は、皆さんのそんなニーズに応えて編まれたキャンパス英語のハンドブックです。キャンパスの内外で起こり得るいろいろな状況を想定して、実際の場面ですぐに使える英語表現を集めました。

　近年、英語という言語が担う役割は変わってきています。かつて欧米の知見を取り入れるために用いられた英語は、いまでは世界の様々な地域の人々とのコミュニケーションの手段として益々重要になってきています。英語圏の国の人々ばかりでなく、私たちがアジアの人々と話をしたり、世界各地からの留学生を相手に自分の考えを主張したりするために英語を用いるということも、決して珍しくはありません。

　このような状況の変化を受け、改訂に際しては、より広い視野に立った記述に改め、いろいろな変化に応じた加筆修正を試みました。例えば、情報通信の発達に伴い e-mail でのコミュニケーション、情報発信としてのプレゼンテーションの項目なども加えました。本書が皆さんの海外への留学や国内での英語学習に役立つことを願ってやみません。

　なお改訂にあたり、多くの方々からお力を頂きました。とりわけ、初版からずっとお世話くださった研究社の吉田尚志編集部長、若い

視点を提供してくださった同社の吉井瑠里氏に、この場をお借りして心からお礼を申し上げたいと思います。

2010 年 3 月

著 者

目　　次

はじめに……………………………………………………………………ⅲ

Part 1　キャンパスライフ　　　　　　　　　　　　　　1

1　自己紹介 ………………………………………………… 3
- 名前………………………………………………………… 4
- 出身と家族………………………………………………… 4
- 専攻と趣味………………………………………………… 5
- クラブ活動………………………………………………… 7
- アルバイト………………………………………………… 9
- 将来への希望……………………………………………… 9
- 友人への質問……………………………………………… 10

2　大学案内 ………………………………………………… 19
- 登録………………………………………………………… 20
- 図書館の利用……………………………………………… 23
- 学内の案内………………………………………………… 27

3　授業に役立つ表現 ……………………………………… 33
- 教室で……………………………………………………… 34
  - ①　教師への呼びかけ………………………………… 34
  - ②　出欠の返事………………………………………… 34
  - ③　遅刻したとき……………………………………… 34
  - ④　途中退室・早退するとき………………………… 35
- 授業中に…………………………………………………… 36
  - ①　聞き返す・聞いたことを確認する……………… 37
  - ②　単語や表現の意味・綴り・発音などをたずねる… 38
  - ③　質問する…………………………………………… 38
  - ④　説明を求める……………………………………… 39
  - ⑤　例を求める………………………………………… 39

⑥	もう少し時間がほしい………………………………	39
⑦	プリントがたりない………………………………	39
⑧	自分の番かどうかを確かめる……………………	39
⑨	許可を求める………………………………………	40
⑩	答えを確かめる……………………………………	40
⑪	「わかった・わからなかった」と言う ………	40

- 課題・レポート……………………………………… 44
- 試験・テスト………………………………………… 48
- 教師のオフィスを訪ねて…………………………… 52

4 討論のときに役立つ表現 ……………………………… 57

- 自分の意見を述べる………………………………… 58
- 相手の意見を求める………………………………… 59
- 同意する……………………………………………… 59
- 同意しない・反論する……………………………… 60
- あいまいな言い方をする…………………………… 62
- 動議・提案する……………………………………… 62
- 議事を進行する(議長の発言)……………………… 63
- その他………………………………………………… 66

5 プレゼンテーションに役立つ表現 …………………… 71

- Coordinator ………………………………………… 72
  - 発表会を開始する……………………………… 72
- Presenter(s) ………………………………………… 72
  1. 挨拶をする……………………………………… 72
  2. プレゼンテーションを開始する……………… 72
  3. 話題を転換する………………………………… 73
  4. プレゼンテーションを締めくくる…………… 73
- Coordinator ………………………………………… 73
  1. 質疑応答を促す………………………………… 73
  2. 時間調整をする………………………………… 73
- Audience …………………………………………… 74
  1. 質問をする……………………………………… 74

2. 意見を述べる / 同意する / 反論する ･････････････ 74
6　効果的な読書法 ････････････････････････････････････ 75
7　エッセイ (Myself) ････････････････････････････････ 77
　■　生活暦を中心とした書き方･･････････････････････ 77
　■　1つのテーマに絞った書き方････････････････････ 80
8　アウトラインの書き方 ･････････････････････････････ 83
9　要約の書き方 ･･････････････････････････････････････ 89
10　レポートの書き方 ･･････････････････････････････････ 93
　■　論文テスト型の構成法とサンプル････････････････ 93
　■　情報伝達型レポートの構成法とサンプル･･････････ 95
　■　調査研究の仕方・研究論文の書き方･･････････････ 97
11　教師が使う慣用表現
　■　あいさつ・授業への導入・出欠をとる･･････････････ 99
　■　指示を与える････････････････････････････････････ 100
　■　学生に答えを求める･･････････････････････････････ 101
　■　質問を受ける････････････････････････････････････ 103
　■　理解したかどうかを確認する･･････････････････････ 103
　■　グループに分ける・ペアを組ませる････････････････ 103
　■　ノートを交換させる･･････････････････････････････ 104
　■　辞書を使わせる･･････････････････････････････････ 104
　■　試験をする･･････････････････････････････････････ 104
　■　課題・レポートを出させる････････････････････････ 105
　■　ディクテーション(書き取り)をする･･････････････ 105
　■　コメントする････････････････････････････････････ 106
　■　授業を終了する･･････････････････････････････････ 106
　■　成績評価･･ 107
　■　訂正記号･･ 108

Part 2　ホームステイ・日常生活　　113
1　ホームステイ生活 ････････････････････････････････ 115
　■　初対面の挨拶をする･･････････････････････････････ 116

- ■ 家の中を案内してもらう……………………………… 119
- ■ 受け入れ家庭のルールを訊く…………………………… 122
- ■ 食卓での会話を楽しむ…………………………………… 125
- ■ 家族について話す………………………………………… 128
- ■ 日本文化について話す…………………………………… 130
- ■ とっさのひと言―すぐに役立つ表現…………………… 136
  - ① 感謝する……………………………………………… 136
  - ② 謝罪する……………………………………………… 136
  - ③ 依頼する……………………………………………… 136
  - ④ 許可を求める………………………………………… 137
  - ⑤ 贈り物を手渡す……………………………………… 137
  - ⑥ 途中で席をはずす…………………………………… 137
  - ⑦ 手伝いを申し出る…………………………………… 137
  - ⑧ 願望を述べる………………………………………… 138
  - ⑨ 気持ちを伝える……………………………………… 138
  - ⑩ 誘う・招待する……………………………………… 138
  - ⑪ 体調不良を訴える…………………………………… 139
  - ⑫ 困った実情を訴える………………………………… 140
  - ⑬ 別れの挨拶をする…………………………………… 140

2 日常生活 …………………………………………………… 143

- ■ 寮・アパートに住む……………………………………… 143
- ■ 学生食堂やカフェテリアで簡単な食事をする………… 146
- ■ 買い物をする……………………………………………… 148
- ■ 道を尋ねる………………………………………………… 151
- ■ 日時・場所の約束をする………………………………… 152
- ■ ハガキ・手紙を出す……………………………………… 154
- ■ 写真を撮る・現像する…………………………………… 155
- ■ 電話をかける……………………………………………… 156
- ■ 乗り物に乗る……………………………………………… 159
- ■ 体の不調を訴える………………………………………… 161

Part 3　Eメール・手紙文・履歴書　　　　　　　　　　165

- 1　Eメール・手紙文の書き方 …………………………………… 167
  - ■　Eメール・手紙文に共通する頭語と結語…………… 168
  - ■　Eメール・手紙文の書式………………………………… 169
  - ■　書き出しの表現………………………………………… 173
    - ①　依頼する………………………………………………… 173
    - ②　謝意を表す……………………………………………… 173
    - ③　通知する………………………………………………… 174
    - ④　詫びる…………………………………………………… 174
    - ⑤　添付資料をつける……………………………………… 174
    - ⑥　久しぶりに便りを送る………………………………… 175
  - ■　結びの表現……………………………………………… 175
    - ①　謝意を表す……………………………………………… 175
    - ②　返事を期待する………………………………………… 175
    - ③　その他…………………………………………………… 175
  - ■　Eメールのサンプル…………………………………… 176
    - ①　教授への礼状…………………………………………… 176
    - ②　友人への招待状………………………………………… 177
  - ■　手紙文のサンプル……………………………………… 178
    - ①　大学案内のカタログ送付の依頼……………………… 178
    - ②　入学に関する問い合わせ……………………………… 179
    - ③　入学願書に同封する手紙……………………………… 180
    - ④　荷物の預かりの依頼…………………………………… 181
    - ⑤　贈り物への礼状………………………………………… 183
    - ⑥　ホームステイ先の家族への礼状……………………… 184
    - ⑦　ルームメイトへの礼状………………………………… 186
    - ⑧　アドバイザーへの礼状………………………………… 187
- 2　履歴書の書き方 ……………………………………………… 189

付録……………………………………………………………………… 191

- ■ 略語……………………………………………………… 191
- ■ 数字の表わし方………………………………………… 195
- ■ 数字の読み方…………………………………………… 197
- ■ 長さ、広さ、重さ、容積、体積の単位……………… 199
- ■ 温度の単位……………………………………………… 201
- ■ 日本と主要都市の時差………………………………… 201
- ■ 学生ことば……………………………………………… 204
- ■ 日本政府在外公館……………………………………… 212
- ■ 資料問い合わせ先……………………………………… 221
- ■ 参考文献一覧…………………………………………… 226

語句索引……………………………………………………… 227

※ 原則として標準的なアメリカ英語を収録
[　]は言い換え可能部分
(　)は省略可能部分、補足説明部分
Ans. はダイアローグとして適切な応答

Part 1 キャンパスライフ

1 自己紹介

　海外の大学の教室では、かなり自由な雰囲気で授業が行われ、学生どうしが知り合えるようにと、最初の授業を自己紹介で始める教師がたくさんいます。また、友達仲間で、あるいはパーティーの席でも、あなた自身のこと、家族のこと、日本のことなどいろいろと聞かれます。自分のことについて話せるように、今から準備しておきましょう。

Key Expressions

> **名前**：I'm . . . .
> 　　　My name is . . . .
> **出身**：I'm from . . . , Japan.
> **身分**：I'm a student at . . . University.
> **専攻**：I'm majoring in . . . .
> **趣味**：I like . . . .
> 　　　I like to . . . .
> 　　　My interests are . . . .

　日本人は一般的に自分の名前を言うときに、My name is と大きな声で言って、それから声を落として、小声で一気に Kazuhiko Yamada と早口で言うこともあるが、日本人の名前は相手に分かりにくい。むしろ Kazuhiko Yamada のほうを強調して、ゆっくりと大きな声で言うほうがよい。

■ 名　前

☐ 皆さん、こんにちは。　　　　　　Hi, [Hello] everybody.

☐ 私の名前は . . . です。　　　　　My name is **Kazuhiko Yamada**.
　　　　　　　　　　　　　　　　　I'm **Kazuhiko Yamada**.

☐ 私を . . . と呼んでください。　　Call me **Kazu**.

■ 出身と家族

☐ . . . 出身です。　　　　　　　　I'm from **Tokyo**.
　　　　　　　　　　　　　　　　　My hometown is **Nagasaki, Kyushu**.

☐ 生まれも育ちも . . . です。　　　I was born and raised in **Osaka**.

☐ . . . に住んでいます。　　　　　I live in **Urayasu, Chiba**.

☐ 私は . . . 年に . . . で生まれました。　I was born in **Urayasu, Chiba Prefecture**, in **1992**.

☐ . . . 歳です。　　　　　　　　　I'm **19** years old.

☐ . . . 歳のときに家族が . . . に引っ越しました。　When I was **5**, my family moved to **Tokyo**.

☐ . . . 高校を卒業しました。　　　I graduated from **Higashi** High School.

☐ 家族は . . . 人で、. . . 、それに私です。　There are **five** people in my family: **my parents, one sister, one brother**, and me.

■ 専攻と趣味

□私は東京にある...大学の学生です。	I'm a student at **Heisei** University in Tokyo. I go to **Heisei** University in Tokyo.
□...大学の...年生です。	I'm **a freshman** at **Heisei** University.
□専攻は...です。	I'm majoring in **economics**. My major is **economics**.
□教養課程に入っています。	I'm in liberal arts.
□まだ一般教養科目をとっています。	I'm still taking general studies.
□もうすぐコア科目を終えるところです。	I'm finishing my core courses.

> core courses または core subjects はカリキュラムの中で核となる重要科目。

□専攻は決めていませんが、...にするつもりです。	I haven't chosen my major, but I'm thinking about taking **journalism**.

> 大学生が専攻を決める(declare a major)のは、ふつう2年次の後半から3年次にかけて。入学したあとでも、希望の学部に編入することができる場合もある。専攻が決まっていない1、2年次の学生は、上にあげた4例のような言い方をする。

自己紹介

☐ ...大学...学部の学生です。	I'm a student of the **Economics** Department [the Department of Economics] at **Heisei** University.
☐ 今学期、...科目とっています。	I'm taking **five** courses this semester.
☐ ...の科目をとっています。	I'm taking **economics, statistics, English literature, psychology, P.E., Chinese, and English**.
☐ 趣味は...です。	My hobby is **collecting foreign stamps**. One of my great interests now is **computer programming**. I like **tennis, baseball, and soccer**. When I have free time, I like to **bake cakes and cookies**.

1 趣味は「眠ること」や「食べること」と言う学生がいるが、この2つは趣味には入らない。"hobby"は主として、美術工芸品を作ったり、切手やコインを収集するなど、意欲を持って取り組む活動に使う。

2 音楽鑑賞、読書、スポーツなどのときにはhobbyを使わずに、I like .... ／ I like to .... ／ My interests are .... ／ I'm interested in .... と言うことが多い。

■ クラブ活動

□私は...部に入っています。	I'm in **the drama** club. I'm on **the rugby** team. I belong to **the folk dancing** club.

> スポーツなど、チームで競技する部活動の場合には、I'm on .... のように言う。「...部に入っている」と言うとき、belong は現在進行形(be ～ing)にはしないことに注意。

□...クラブに入りたい。	I'd like to join **a tennis** club.
□あなたは何のクラブに入っていますか。	What club do you belong to?
□部会を...に開きます。	We'll have a club meeting **next Thursday**.
□活動日(練習日)は...です。	We have activities on **Tuesdays, Thursdays and Fridays**. We practice on ....
□部費は...です。	The club dues are **$30**. We collect **$30** per person as dues for operating costs.
□...時に集合してください。	All members should meet here at **3 p.m**.
□...時に解散です。	The meeting will break up at **6:00 p.m**.
□無断欠席しないでください。	Please don't be absent without giving notice. Be sure to notify a member when you can't come to a meeting.

自己紹介

| □合宿は、...から...までです。 | We'll have a (training) camp from **September 9th** to **the 14th**. |
| □...に試合があります。 | We'll have a game [a match] on **July 13th**. |

　　注 ふつう baseball, basketball など -ball のつく試合には game を、tennis などには match を使う。

□...にコンパをやりましょう。　Let's have a party **next week**.

■ アルバイト

□私はアルバイトをしています。	I work part-time.
□きょうはアルバイトがあります。	I have a part-time job today. / I work part-time today.
□大学の...でアルバイトをしています。	I work in **the library** on campus.
□週...時間働きます。	I work **10** hours a week.
□研修生として働いています。	I work as an intern.

> 留学生のアルバイトは、留学先や留学形態によって禁止されていることも多いので、留学先の法律や自分のビザを確認する必要がある。

■ 将来への希望

□卒業後は、...になりたいと思います。	I would like to become **a teacher** after I graduate.
□卒業後は、...で働きたいと思います。	I would like to work for **a bank** after I graduate.
□...に就職するつもりです。	I'm going to work for **a trading company**.
□父の商売を継ぐことにしています。	I'm going to take over my father's business.
□大学院へ行って...を勉強するつもりです。	I'm going to study **international trade** in a graduate school.
□いろいろな国へ行って異なる生活様式や物の考え方を学びたいと思います。	I'd like to visit many foreign countries and learn different lifestyles and ways of thinking.

自己紹介

■ 友人への質問

□出身地はどちらですか。

Where are you from?
Ans. I'm from Kurashiki, Okayama.

□...のどこからいらっしゃいましたか。

What part of **the United States** are you from?

□どちらにお住まいですか。

Where do you live?
Ans. I live in a dormitory on campus.

□どんなところに住んでいますか。

What kind of place do you live in now?
Ans. I live in an apartment.
I live at home.
I stay with a Canadian family.

□アパートの広さはどのくらいですか。

How large is your apartment?
Ans. Oh, I have a three-room apartment. It has a kitchen, a living room and a bedroom. I share a bath.
Ans. It has a six-mat Japanese room, a small kitchen and a bathroom.

海外の学生の多くは大学の学生寮に住んだり、4〜5人でアパートを借りたりして共同生活をする。友達を作って、英語を早くマスターするためには、寮やアパートで共同生活をするのもよい方法。

＊ホームステイ・日常生活に関しては、p.113〜を参照

□学校への通学はどうしていますか。	How do you get to school? **Ans.** I take a bus. I walk to school.
□通学時間はどのくらいですか。	How long does it take to get to school? **Ans.** About an hour.
□あなたの故郷は...からどのくらいの所にありますか。	(距離が) How far is your hometown from **London**? **Ans.** It's about 10 kilometers north of London. (時間が) How long does it take from **London** to your hometown? **Ans.** It's about three hours from London by train.
□生まれ故郷について話してください。	Tell me about your hometown.
□市の人口はどのくらいですか。	What's the population of the city? **Ans.** It's about 500,000.
□市の規模はどのくらいですか。	How big is your city? **Ans.** It has a population of more than one million.
□気候はどうですか。	What's the climate like there? **Ans.** It's very cold and it snows a lot in the winter.
□主産業は何ですか。	What's the main industry?
□特産品は何ですか。	What's the special product of the area?

□大学はどちらですか。	Which university do you go to?
□専攻は何ですか。	What's your major?
	What are you majoring in?
	What are you studying in college?
	Ans. I'm majoring in ....
□今学期、科目は何をとっていますか。	What subjects are you taking this semester?
	Ans. I'm taking ....
□お仕事は何ですか。	What do you do?
	Ans. I'm a student.
	I work for a trading company.
□アルバイトをしていますか。	Do you have a part-time job?
□どんなアルバイトをしていますか。	What kind of part-time job do you have?
□週何時間働いていますか。	How many hours a week do you work?
□あなたの趣味は何ですか。	What are your interests?
	What interests do you have?
	Ans. I'm interested in ....
	My interests are ....
□暇な時には何をして過ごしますか。	What do you do in your spare time?
	Ans. I like to listen to music.
□休みの日はどう過ごしますか。	How do you spend your holidays?
	What do you do on holidays?

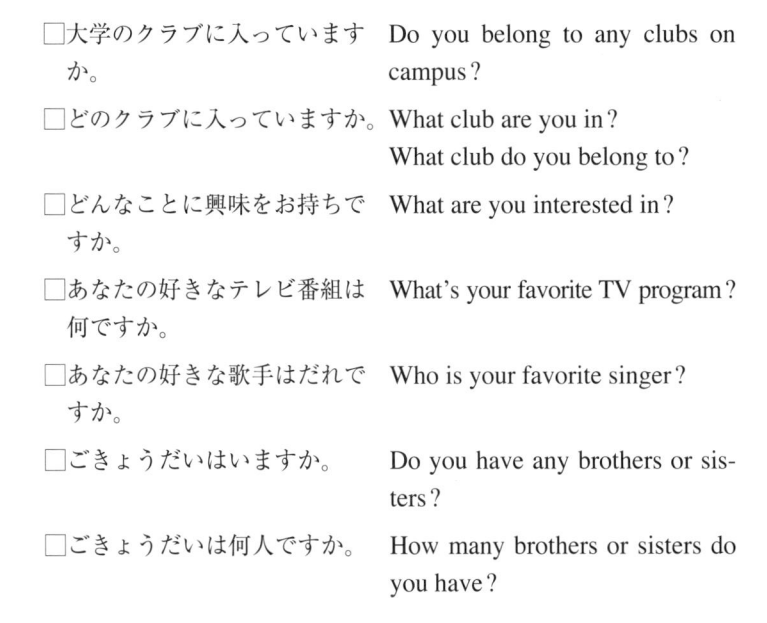

□大学のクラブに入っていますか。	Do you belong to any clubs on campus?
□どのクラブに入っていますか。	What club are you in? What club do you belong to?
□どんなことに興味をお持ちですか。	What are you interested in?
□あなたの好きなテレビ番組は何ですか。	What's your favorite TV program?
□あなたの好きな歌手はだれですか。	Who is your favorite singer?
□ごきょうだいはいますか。	Do you have any brothers or sisters?
□ごきょうだいは何人ですか。	How many brothers or sisters do you have?

ときには個人的なことをきかれて答えたくないことがあるかもしれない。そういうときには、無理に答える必要はない。下に書いたような言い方で、相手の質問をかわそう。ただ相手の気持ちを傷つけたり、相手を怒らせないように笑顔をお忘れなく。

①すみませんが、そのことはお答えしたくないんですが…。

　I'm sorry. I'd rather not answer that.

②ごめんなさい。ちょっと複雑なので、英語で説明するのは私には難しいのです。

　Sorry, it's a bit complicated and rather difficult for me to explain in English.

③ごめんなさい。ちょっと秘密にしておきたいので。

　I'm sorry. I like to have my little secrets.

④あなたのことをむしろお聞きしたいですね。

　Maybe you would like to tell me about yourself.

Words and Phrases

... 出身である	I'm from ....
... 卒業する	graduate from ...
... 専攻する	major in ...
... 科目をとる	take ...

学部学生	an undergraduate student
一年生	a freshman／a first-year student
二年生	a sophomore／a second-year student
三年生	a junior／a third-year student
四年生	a senior／a fourth-year student
大学院生	a graduate student (主に英)a postgraduate student

科目例

リスニング	listening
会話	speaking／oral English／conversation
講読	reading
作文	writing／composition
文法	grammar
発音	pronunciation
英語	English
ドイツ語	German
フランス語	French
スペイン語	Spanish
ロシア語	Russian
中国語	Chinese
韓国・朝鮮語	Korean
保健体育	health and physical education
体育	P.E.（physical education）
経済学	economics
法学	law
政治学	political science

社会学	sociology
心理学	psychology
文化人類学	cultural anthropology
化学	chemistry
物理学	physics
生物学	biology
統計学	statistics
地質学	geology
数学	mathematics／math
文学	literature
言語学	linguistics
歴史学	history
哲学	philosophy
倫理学	ethics
国際関係論	international relations
コミュニケーション	communication
ジャーナリズム	journalism
～入門	Introduction to ...
（例）	Introduction to European History
～概論	Survey of ...
（例）	Survey of English Literature
～原論	Foundations of ...
（例）	Foundations of Economics
応用～	Applied ...
（例）	Applied Chemistry
～論	Topics in ...
（例）	Topics in Intercultural Communication*

＊異文化コミュニケーション

初級	an elementary course
中級	an intermediate course
上級	an advanced course

自己紹介

対話例
カフェテリアで

Akiko : Excuse me. Is it all right if I sit here?
Bob : Sure.
Akiko : Thanks. Are you new here?
Bob : Yes, and you?
Akiko : Yes, me too. My name is Akiko Sato.
Bob : I'm Bob Green. Nice to meet you.
Akiko : Nice to meet you, too.

明子:すみません。ここに座ってもいいですか。
ボブ:ええ、どうぞ。
明子:ありがとう。あなたは新入生ですか。
ボブ:そうです、君は。
明子:私もそうなんです。佐藤明子です。
ボブ:ぼくはボブ・グリーンです。はじめまして。
明子:はじめまして。

注 初対面のときは、なるべく自分から名乗るようにする。

• • • • •

Bob : What's your major, Akiko?
Akiko : I'm majoring in economics. How about you?
Bob : Asian studies. Where are you from?
Akiko : I'm from Tokyo. And you?
Bob : I'm from Chicago, Illinois.

ボブ:明子さん、専攻は何ですか。
明子:経済を専攻しています。あなたは。
ボブ:アジア研究です。出身地はどちらですか。
明子:東京です。あなたは。
ボブ:イリノイ州のシカゴです。

自己紹介例
クラスや会合での自己紹介

Hello, everybody. I'm Kenichiro Suzuki from Osaka. Call me Ken. I'm majoring in economics. My interests are listening to pop music and playing soccer. I'm on the soccer team. I like Michael Jackson and the Beatles. I'm collecting their CDs, so if there is anyone interested in pop music, I'd be happy to share them. Contact me any time. Thank you.

皆さん、こんにちは。ぼくは鈴木健一郎です。大阪出身です。ケンと呼んでください。専攻は経済です。趣味はポップスを聴くことと、サッカーをすること。サッカー部に入っています。マイケル・ジャクソンとビートルズのファンです。2人のCDを集めていますので、ポップスの好きな人がいたら、一緒に聴きましょう。いつでも声をかけてください。どうぞよろしく。

• • • • •

Hi. My name is Yasuko Nakata. I'm from Urayasu, about ten miles east of Tokyo. It's famous for Tokyo Disneyland. I'm a student at Heisei University, majoring in sociology. Right now I'm taking the intensive course in English. This is my first visit to the United States, so I'm very excited. I want to make many friends and learn a lot about American culture. Thank you.

こんにちは。名前は中田安子です。東京から東へ約10マイルのところにある浦安市の出身です。浦安は東京ディズニーランドで有名なんですよ。平成大学の学生で、専攻は社会学です。ここでは英語の集中コースを受けています。アメリカは初めてなので、とても興奮しています。私はたくさんの友達を作って、アメリカ文化について多くのことを学びたいと思っています。どうぞよろしく。

自己紹介のヒント
- 自分の名前はゆっくり、はっきり言う。日本人の名前は覚えにくいので、Call me Ken. のように発音しやすくしたり、愛称(nickname)を言う。
- 周りの人達の顔を見ながら笑顔で、元気よく話そう。少しぐらい間違ってもだいじょうぶ。
- 「どうぞよろしく」にあたる英語はないので、最後に、その気持ちをこめて、Thank you. と付け加える。

2 大学案内

　現地の大学への入学初日はまずオリエンテーション(orientation)から始まります。そこで授業内容や履修手続きの説明を受けます。学生証(student ID)の発行、図書館やカフェテリアなど大学施設の利用案内、また現地の治安状況、緊急時の対応などの説明や注意もあるでしょう。

　語学研修プログラムでは、ふつうオリエンテーションの当日にクラス分けのプレースメントテスト(placement test)をします。これは英語の実力を判定し、学生の実力に見合ったレベル別クラスに振り分けるための試験です。上級(advanced)、中級(intermediate)、初級(elementary)などがあります。

　長期留学する正規の学生にとって大きな関門は、登録手続き(registration)です。登録日には指定された会場に出向いて、履修したい科目を登録し、授業料(tuition)を納めます。授業料は一律ではなく、登録した科目に応じて払うのが一般的です。オンラインで履修登録ができる場合もあります。慣れないうちは、留学アドバイザー(international student adviser)に相談に乗ってもらうとよいでしょう。

Key Expressions	
登録	: I'd like to sign up [register] for ....
図書の貸出し	: I'd like to check out this book.
構内の案内	: Excuse me, where's the ... ?
	I'll show you around the campus.
	This is .... ／Here is ....

■ 登 録

□ ...のクラスに登録したい。	I'd like to sign up [register] for **an American goverment class.**
□ これはトーフルの成績のコピーです。	Here's a copy of my TOEFL scores.
□ 私は英語で...単位とらなくてはなりません。	I have to take **eight** credits in English.
□ 必修科目を全部履修しました。	I finished all the required courses.
□ 去年この単位(コース)を落としたので、再履修しなければならないんです。	I failed this course last year, so I have to take it again.
□ このクラスは上級なので私には難しすぎます。	This course is too advanced for me.
□ 中級クラスへ変えていただけませんか。	Could I change to the intermediate class?
□ 登録はもう済ませました。	I finished my registration.

1 難しい科目に挑戦するのもけっこうだが、自分の実力に見合った科目をとることは決して恥ずかしいことではない。受講科目を変えたほうがよいと判断したら、アドバイザーのところへ相談に行き、登録変更を申し出る。その場合、両方の担当教師(前のクラスと新しいクラス)の許可を得なければならないが、学期が始まってから2〜3週間以内であれば、許可をもらえることが多い。

2 **used books**: 登録を済ませたら、テキストや参考書を買いに生協の書籍部や本屋に行く。そこで "Used" というラベルの貼ってある古本を探してみると面白いだろう。20〜50%ぐらい安く手に入る。本代の節約にもなるし、ときには書き込みや重要な箇所に下線が引いてあったりして参考になることもある。ただし、それらの書き込みが正しいとは限らないので要注意。

Words and Phrases

オリエンテーション	orientation
レベル分けテスト	a placement test
登録	registration
登録する	sign up for ... ／register for ... ／enroll in ...
学生証	a student ID
学生便覧	the catalog
講義要項	the course catalog／the class guide／the course description
科目	a subject
必修科目	a required subject
選択科目	an elective (subject)
履修する	take ... ／take a course in ...
履修をやめる	drop a course
時間割	the schedule
単位	a credit／a unit
単位を取る	take (four) credits in (psychology)
単位を落とす	fail the course
授業料	tuition
聴講する	audit a course
留学生アドバイザー	an international student adviser

海外の大学では一年を通した科目は置かず、学期ごとに授業が行われることが多く、修了すると単位(credit, unit)が出る。単位を時間数であらわして、2学期制をとっている場合は semester hours, 4学期制をとっている場合は quarter hours で計算することもある。

大学案内

対話例
登録を済ませたあとで

Kenji : Hi, Lisa. Did you finish your registration?
Lisa : Yes. Did you?
Kenji : Yes. I signed up for two electives and three required subjects.
Lisa : Wow! How many credits are you going to take all together?
Kenji : Fifteen. We need a minimum of 120 credits to be able to graduate.
Lisa : That's right. I'd like to be a teacher after I graduate, so I enrolled in the teacher-training course. It requires eight certification courses, so I don't have many electives.

健二：リサさん、こんにちは。登録は済ませましたか。
リサ：ええ。あなたは。
健二：済ませました。選択科目を2つと必修科目を3つ取りました。
リサ：わあ。全部で何単位取得するんですか。
健二：15単位です。卒業には最低120単位必要なんですよ。
リサ：そうですね。卒業後は教師になりたいので、私は教職課程に登録しました。認定のための科目を8つ取らなくてはならないんです。それで選択科目はあまりいらないんです。

■ 図書館の利用

☐ この本を借りたいのですが。 I'd like to check out this book.

☐ この本の期限を更新していただけますか。 Could I renew this book?

☐ すみませんが、参考図書はどこにありますか。 Excuse me, where are the reference books?

☐ この本はどこにありますか。 Where do I find this book?

☐ ...について調べたいのですが。 I'm looking for information about **acid rain**.

☐ この本は返却期限が切れています。 This book is overdue.

> 図書館をキャンパス内にいくつも持っている大学もある。中央図書館(the main library)、学部学生用の図書館(the undergraduate library)、それに学部ごとの図書館(department library)などがある。

Words and Phrases

図書館	the library
参考図書室	the reference room
案内	the information desk
オンライン目録	the online catalog
蔵書目録	the library catalog
司書	a librarian
貸出しカウンター	the check-out [circulation] counter
貸出しカード	a library card
貸出す	check out／lend
借出す	check out／borrow
更新する	renew

返却する	return
貸出中	(The book is) out on loan.
超過料金	fine
図書館相互貸借	interlibrary loan
コピー機	a copy machine／a copier

　図書館は学生たちにとって情報源であると同時に、静かに勉強する場を提供してくれる。参考図書室が完備され、コンピューターで図書や文献の検索ができるシステムを採用しているし、図書館の相互貸出しも簡単にできる。コピー機はもとより、インターネットに接続された学生用パソコンも備え付けてあり、自分用のパソコンをもたない留学生にとってはありがたい。また、開館時間も長く、試験期間中には延長するなどして学生の便宜を図ってくれる。規模の大きい図書館では夜12時まで、また日曜日にも開いている所がある。一般的に、大学院生が使う図書館は開館時間が長い。

対話例
図書館で

Student : Excuse me, where do I find this book?
Librarian : Let's see ... 643. FE ... that's on the 3rd floor, in nonfiction.
Student : The third floor?
Librarian : Right.
Student : Thank you.

学生：すみませんが、この本はどこにありますか。
司書：そうですね...643. FE...3階のノンフィクションのところにあります。
学生：3階ですね。
司書：そうです。
学生：ありがとうございます。

・ ・ ・ ・ ・

Student : Can I check this magazine out?
Librarian : Periodicals can be checked out for three days.
Student : So, if I check it out today, I can return it Monday, right?
Librarian : That's right.

学生：この雑誌を借りてもいいですか。
司書：定期刊行物は3日間の貸し出しになっています。
学生：つまり、今日借りたら月曜日に返せばいいんですね。
司書：そうです。

Student : I'm looking for information about acid rain.
Librarian : Well, for starters you might check the online catalog under "ecology."
Student : I'll do that, thank you.
Librarian : For general information about ecology you can also try the encyclopedias.
Student : Of course, thanks. Well, I'd like to find some articles, too.
Librarian : Periodical indexes serve as guides to the contents of magazines and journals. Look in an index for the subject labeled, "acid rain."
Student : I see. Thank you.
Librarian : Also, we have a vertical file with collected clippings on special subjects.

学生：酸性雨に関する情報を探しているんですが。
司書：そうですね、まずは"エコロジー（自然環境）"でオンライン目録を調べたらいいでしょう。
学生：そうします。ありがとうございます。
司書：「環境」についての一般的な情報を得るには、百科事典も見てみたらいかがですか。
学生：ええ、ありがとうございます。それと雑誌記事も探したいんですが。
司書：定期刊行物索引は雑誌や新聞などの内容を知るのに役立ちますよ。「酸性雨」というラベルのついた項目の索引を調べてごらんなさい。
学生：わかりました。ありがとうございます。
司書：そうそう、特別な題目に関しての切り抜きを集めて並べたファイルもありますよ。

■ 学内の案内

□ ... はどこですか。	Excuse me, where's **the International House**?
□これは大学案内です。	Here's our university guidebook.
□大学の構内をご案内しましょう。	I'll show you around the campus.
□ここは体育館です。	Here's the gym. ／ This is the gym.
□ここは管理棟です。	This is the administration building.
□図書館はあちらです。	The library is over there.
□お手洗いは廊下の突き当たりにあります。	The rest room is at the end of this hallway [corridor].
□ ... 教室は1階[2階、3階]にあります。	**The language laboratory** is on the first [second, third] floor.
□ ... は階上[階下]にあります。	**The seminar rooms** are upstairs [downstairs].
□ ... はあちらの右手[左手]にあります。	**Room 105** is over there on your right [left].
□これは創立者の銅像です。	This is a bronze statue of the founder of our university.
□ウエスト大学は私立[国立、州立]大学です。	West is a private [national, state] university.
□大学は ... 年に創設されました。	Our university was founded in **1950**.

☐ ...の学部があります。	Our university is composed of **five** departments: **Economics**, **Foreign Languages**, **International Studies**, **Engineering**, **and Medicine**.
☐学生数は約...人です。	There are about **20,000** students.
☐うちの大学には留学生がたくさんいます、...	There are many international students attending our university: **students from Korea, China, Japan, the United States, Canada, and many others**.

> アメリカには私立大学と州立大学があるが、国立大学はない。通例、規模の大きい大学は、中央キャンパス(the main campus; the central campus)のほかに別のキャンパス(branch campuses)をもっている。

☐授業は...時に始まります。　School begins at **9:00** a.m.
　　　　　　　　　　　　　　　The first class begins at **9:00** a.m.

☐授業は...分です。　　　　　Each class lasts **90** minutes.
　　　　　　　　　　　　　　　Each class is **90** minutes long.

☐土曜日には授業がありません。We don't have class on Saturday.

Words and Phrases

大学構内	campus
学内で	on campus
学外で	off campus
キャンパスツアー	a campus tour
キャンパスマップ	a campus map
教室	a classroom
LL教室	a language laboratory

AV 教室	an audio-visual room
情報処理センター	the computer center
コンピューター室	a computer room
図書館	the library
学部学生用図書館	the undergraduate library
学習室	a study room
講堂	the auditorium
体育館	the gym
スタジアム	the stadium
学生食堂、カフェテリア	a cafeteria
売店	a campus store
生協	a co-op
学生会館	the student union
留学生[国際]会館	the international house [office]
留学生アドバイザー室	the international student adviser's office
研究室	
(ゼミ用の)	a seminar room
(教師用の)	an office
実験室、研究所	a laboratory
研究所	a research institute
保健センター	the health center
保健室	the nurse's office
お手洗い	a rest room
掲示板	a bulletin board／a notice
管理棟	the administration building
寮	a dormitory
大学警備室	the campus police office
入学事務室	the admissions office
学生課	the student affairs office
会計(経理)課	the accounting office

大学案内

1 　一般に、学生活動費(Student Activity Fee)を支払うと、体育の授業をとっていなくても、運動施設を利用することができる。授業の合間に、水泳、テニス、バスケットボール、ハンドボールなど、いろいろなスポーツを楽しんでほしい。経済的な理由で風呂やシャワーなしのアパートに住む学生の中には、毎日シャワーを浴びるために体育館通いをするというチャッカリさんもいるとか。体育館には個人用の鍵付きロッカーがあって、申し込めば学期中使うことができる。

2 　留学生会館の名称は大学によって異なり、このほかにも Foreign Student House, International Language Center, Overseas Center などと呼ばれる。

　ラウンジ、集会室、スナックバーなどの設備があって、ここで外国に関心を持つ現地の学生や他の国々からの留学生とも友達になることができる。困ったときには相談に乗ってくれるので、情報交換の場として大いに利用するとよい。ホストファミリー(host family)を紹介してくれることもある。

3 　学生会館は学生生活のオアシスの場を提供してくれる。名称は大学によってまちまちで、Commons や Activity Center または建物の名前で呼ばれることもある。カフェテリアやレストランはもとより、ゆったりくつろげるロビー、集会室、課外活動のための部室、趣味の部屋、音楽室、来客用の宿泊施設、それにボーリング、ビリヤード、卓球、ゲーム機などもあって、息抜きができる。

対話例
大学の構内で

  Student A : Excuse me, where's the International House?
  Student B : It's not on this street. It's on Kennedy Street. Keep walking for three blocks, and turn left.
  Student A : Left?
  Student B : Yes. Then walk along Kennedy Street for two blocks. It's on your right.
  Student A : Thank you.
  Student B : You're welcome.

学生 A：すみませんが、留学生会館はどこですか。
学生 B：留学生会館はこの通りではなく、ケネディ・ストリートにあるんです。3 ブロック歩いて、左に曲がってください。
学生 A：左ですか。
学生 B：そうです。それからケネディ・ストリートに沿って 2 ブロック歩いてください。右手にありますよ。
学生 A：ありがとう。
学生 B：どういたしまして。

        ＊道順の聞き方については、p. 151 参照

3 授業に役立つ表現

　海外の多くの大学は卒業が容易でないため、学生の授業態度は真剣です。予習・復習はもちろんのこと、毎回多量の課題が出されますので、私語を交わしたり、居眠りしたりする暇はありません。週2〜3冊もの課題必読書が出て、それについて月曜日にレポートを提出するとなると、週末のパーティーも、デートもおあずけ。ひたすら図書館にこもって本を読み、コンピューターのキーをたたくことになりかねません。もっとも学習量は、教師によって、科目によって、さらにあなた自身の学力や集中力の有無によって大きな差が生じることは言うまでもありません。

Key Expressions

遅刻	: I'm sorry to be late.
途中退室	: May I go to the rest room？
聞き返し	: Pardon (me)？
依頼	: Could you . . . , please？
許可	: Could [May／Can] I . . .？
どんなふうに：	How do you (spell) . . .？

　　注　許可を求める May I . . .？は丁重な言い方だが、Could I . . .？のほうがやや柔らかい感じ。Can I . . .？はくだけた言い方で、親しい人に使う。

■ 教 室 で
① 教師への呼びかけ

☐ . . . 先生　　　　　　　　　　Dr. Anderson
　　　　　　　　　　　　　　　　Professor Anderson
　　　　　　　　　　　　　　　　Mr. Anderson
　　　　　　　　　　　　　　　　Ms. Anderson
　　　　　　　　　　　　　　　　Mrs. Anderson
　　　　　　　　　　　　　　　　Miss Anderson

> 教師を呼ぶときに、teacher は使わない。大学の教室でいちばんよく使われるのは Dr. . . . で、博士号をもっていないと思われるときには Professor . . . が無難である。中学や高校では、Mr., Ms., Mrs., Miss が使われる。教師の呼び方は場所によっても異なるのでそこの慣習に従うのがよい。

② 出欠の返事

T: I'm going to call the roll now. （出欠をとります）
　 Junji Aoyama.

☐ はい。　　　　　　　　　　　Present.
　　　　　　　　　　　　　　　　Here.
　　　　　　　　　　　　　　　　Yes.

☐ 欠席です。　　　　　　　　　Absent.
　　　　　　　　　　　　　　　　He [She]'s absent.

③ 遅刻したとき

☐ 遅れてすみません。　　　　　I'm sorry to be late.
　　　　　　　　　　　　　　　　I'm sorry I'm late.
　　　　　　　　　　　　　　　　I missed the bus.

> 遅れたときには、ただ謝るだけでなく、遅れた理由を付け加える。

④ **途中退室・早退するとき**

□部屋を出てもいいですか。気分が悪いんです。	May [Could] I leave the room, please? I feel sick. Is it all right if I leave early? May [Could] I be excused, please?
□すみませんが、お手洗いに行ってもいいですか。	May [Could] I go to the rest room?

1　出席を重視するか否かは、教師や科目によってまちまちである。出席をとらないにしても、テストやレポート提出に追われるので、休むとあとで追いつくのが大変になる。通例、語学、実習、セミナーなどは無断欠席ができない。

2　授業は時間きっちりに始まる。大学によっては、教師が来ないときには、15分待って、それでも現れなければ帰っていいことになっている所もある。もっとも教師が遅刻することはめったにないので、学生も遅刻はできない。休講もほとんどない。

Words and Phrases

出席する	attend (a class)／be present (at ...)
講義に出る	attend (a lecture)
授業を受ける	take a lesson (in ...)
授業をさぼる	cut a class／skip a class
出席をとる	call the roll ＊the roll は出席簿。
欠席する	be absent (for ...)
遅刻する	be late (for class)
早退する	leave class early
休講	no lecture／no class
補講	a make-up class

■ 授業中に

1 「聞くは一時の恥、聞かぬは末代の恥」という諺があるが、聞くことは一時の恥にもならない。聞き取れないときには、決してわかったふりをしないで繰り返し言ってもらう。声が小さいようなら、声がとどくように席替えを頼むとよいかもしれない。英語力がないため授業中に聞き返せないときには、あとで友達に聞くなり、個人的に教師の所へ行って説明してもらうとよい。親切に教えてくれるはずである。

2 最初はだれでも授業の英語がわからなくて悩み、かつ不安にかられるものだが、くじけないでほしい。徐々に耳が慣れてきて、学期も半ばになるころにはずっと楽になるはずである。

① 聞き返す・聞いたことを確認する

□繰り返していただけますか。	Could you repeat that, please?
□もう一度言っていただけますか。	Could you say it again, please?
□いま何とおっしゃいましたか。	What did you say, please?
□どういう意味ですか。	What do you mean?
□すみません、よくわからなかったのですが。	I'm sorry I didn't understand you.
□すみません、よく聞こえなかったのですが。	I'm sorry I couldn't hear you.
□すみません、聞こえません。	I'm sorry I can't hear you.
□すみませんが、もっと大きな声で話してください。 （軽い調子で）	Could you speak louder, please? Could you speak up, please? Speak louder, please.
□もっとゆっくり話してください。	Could you speak more slowly, please? Speak more slowly, please.
□すみませんが、音量を上げて［下げて］いただけませんか。	Could you turn the volume up [down], please?
□講義を録音してもいいですか。	Is it all right if I record your lecture?
□すみませんが、もう一度言ってください。	I beg your pardon? Pardon me?

> 話しかけられて聞き取れなかった場合に使う。Once more. を目上の人に向かって言うのは失礼になるので注意すること。

授業に役立つ表現

② 単語や表現の意味・綴り・発音などをたずねる

□ ... という単語はどういう意味ですか。	What does the word "**credit**" mean?
	What's the meaning of **this word**?
□ ... を英語でどう言いますか。	How do you say "**arubaito**" in English?
□ ... を英語で何と言いますか。	What do you call **this flower** in English?
	What's **this flower** called in English?
□ ... はどう綴りますか。	How do you spell "**Christmas**"?
□ ... はどう発音しますか。	How do you pronounce **this word**?
□ ... について話していただけますか。	Could you tell me about ..., please?
□ ... を黒板に書いていただけますか。	Could you write **it** on the blackboard?
□ それをこの紙に書いていただけますか。	Could you write it down on this paper?
□ これはいい英語ですか。	Is this good English?
□ これはよく使われる表現ですか。	Is this a common expression?
	Do you use it very often?
□ ... と ... の違いは何ですか。	What's the difference between "**test**" and "**exam**"?

③ 質問する

□質問してもいいですか。	Could [May] I ask a question?
	I have a question on ....

□少し話があるのですが。	Could [May] I speak to you a minute?
□ちょっとお話したいのですが。	Could [May] I talk with you for a few minutes?
□それはどういう意味ですか。	What do you mean by that?

④ 説明を求める

□この[その]文を説明していただけますか。	Could you explain this [that] sentence, please?
□もっと[もう少し]説明していただけますか。	Could you give me some more [a little more] explanation?

⑤ 例を求める

□例をあげていただけませんか。	Could you give us some examples?

⑥ もう少し時間がほしい

□終わらないので、もう少し時間をいただきたいのですが。	I need more time. I haven't finished yet.

⑦ プリントがたりない

□もう1[2、3]枚コピーをいただけませんか。	Could [May] I have one [two, three] more copy [copies], please?

⑧ 自分の番かどうかを確かめる

□私の番ですか。	Is it my turn?

授業に役立つ表現

⑨ 許可を求める

□辞書を使ってもいいですか。　　Could [May] I use a dictionary?

□窓を開けてもいいですか。　　　Could [May] I open the window?

⑩ 答えを確かめる

□私の答えは合っていますか。　　Am I correct [right]?

□これは正解ですか。　　　　　　Is this correct [right]?

□5番の答えは何ですか。　　　　What's the answer to No. 5?

⑪ 「わかった・わからなかった」と言う

□わかりました。　　　　　　　　I understand, thank you.
　　　　　　　　　　　　　　　　I see, thank you.

□わかりません。　　　　　　　　I'm sorry I don't understand.

□この文の意味がよくわかりません。　I don't quite understand this sentence.

□英語での言い方がわかりません。　I don't know how to say this [that] in English.

□授業についていくのが大変です。　I have a little trouble following the lecture.

Words and Phrases	
授業（課）	lesson
（クラス）	class
授業をする	teach／give lessons (to . . .)
授業を受ける	take lessons (from . . .)
授業をさぼる	cut a class／skip a class
ノートをとる	take notes on the lecture
予習をする	prepare one's lecture
復習をする	review one's lecture
シラバス（授業予定表）	a syllabus／a course outline
講義	a lecture (on . . .)
演習（ゼミ）	a seminar (in . . .)
実技	a practicum

シラバス：ほとんどどの教師も、最初の授業のときに、授業の目的とするところは何か、毎回の授業で何をするのか、などについて、担当教師自身が作ったシラバス(syllabus)を配る。そこには授業の目標が明記してあり、テキスト、必読文献リスト、参考文献なども載っていることが多い。何月何日にはテキストの何ページまで読んでくるように、などの細かい指示も書かれているので、学生はそれに沿って毎日の授業の予習・復習をする。学期中に行うテストやレポートの提出についても書いてあり、成績評価基準などもこれによって知ることができる。

授業に役立つ表現

対話例

授業中に

> Student : Excuse me, Professor Campbell, may I go to the rest room?
> Prof.   : Sure.

> 学生：キャンベル先生、すみません。お手洗いに行ってもいいですか。
> 教授：ええ。いいですよ。

・ ・ ・ ・ ・

> Prof.   : Sachiko, can you give me the answer to number 14?
> Student : 14?
> Prof.   : That's right.
> Student : New Zealand is.
> Prof.   : That's right.

> 教授：幸子さん、14番の答えを言ってごらんなさい。
> 学生：14番ですか。
> 教授：そうです。
> 学生：ニュージーランドです。
> 教授：はい、正解です。

Prof. : John, what's the answer to number 12?
Student : Australia?
Prof. : No, not Australia. Ken, do you know the answer?
Student : India.
Prof. : That's right.

教授　　：ジョン君、12番の答えは何ですか。
学生A：オーストラリアですか。
教授　　：いいえ、オーストラリアではありません。健君、答えがわかりますか。
学生B：インドです。
教授　　：はい、そうですね。

授業に役立つ表現

■ 課題・レポート

□課題[宿題]はあるのですか。	Are you going to give us some assignments [homework]?

> 注 assignment は、参考書などを読んでまとめる宿題をさすことが多い。不定冠詞の an をつけるか、または複数形にする。

□レポートの長さは何枚ですか。	How long will the paper be? How many pages do I [we] have to write?

> 注 学生の書くレポートは paper という。実験や調査の報告書などにのみ report を使う。

□1行おきに書くのですか。	Should I [we] write on every other line?
□レポート[課題]はいつ提出すればいいですか。	When should I [we] hand in the paper [assignment]? When's the deadline for the paper [assignment]?
□何日までに提出すればいいですか。	By what day should I [we] hand it in?
□明日持ってきてもいいですか。	May I bring it tomorrow?
□締め切りを延ばしていただけますか。	Could I have an extension?
□すみません。課題を忘れました。	I'm sorry, I've forgotten my assignment.
□課題をやるのにずいぶん時間がかかります。	It takes me a long time to do my assignments.

Words and Phrases

課題[宿題]	an assignment／homework
（教師が）課題を出す	give an assignment [homework]
（学生が）課題をする	do one's assignment [homework]
レポート	
（教師に提出する小論文）	a paper (on ...)
（報告書）	a report (on ...)
レポートを書く	write a paper (on ...)
レポートを提出する	hand in [turn in] a paper／submit a paper
期末レポート	a term paper

日本に比べて海外の大学は厳しく、単位を落とす(fail)学生がでることが多い。1科目だけならまだしも、数科目落とすと、退学になるか、1学期間の猶予(probation)を経て、次の学期に成績をアップさせないと、1、2学期間の停学処分を食らうこともある。

＊成績評価 p. 107 参照

対話例
レポートについて

Aya : Dr. Wilson, I'm afraid I don't understand the term paper.

Prof. : All right, Aya, let me repeat. Choose one of the topics on page 3 of your syllabus. Read as much as you can on the subject, and then formulate a thesis statement (the main idea). That is, state in a single sentence what you think about that topic. Then write a 10-page paper explaining why you believe as you do.

Aya : Did you say we have to follow certain steps in writing the paper?

Prof. : Yes, Aya. On page 4 you will find the dates when you must show me your outline, your rough draft, and your final paper.

Aya : I think I understand, Dr. Wilson. But may I come to see you if I have any problems?

Prof. : Of course, Aya . My regular office hours are posted.

綾 : ウィルソン先生、期末レポートのことがわからないのですが。

教授：それでは、綾さん、もう一度言いましょう。シラバスの3ページの項目から1つトピックを選びなさい。その問題に関連する本や参考文献をできるだけたくさん読んで、テーマ文(主たる考え)を作りなさい。つまり、そのトピックに関してあなたの思うことを1つの文に書くのです。それから、どうしてそう思うかをレポート10枚にまとめなさい。

綾 : 書くときには、レポートの作成手順を踏めとおっしゃいましたね。

教授：そうですね、綾さん。4ページにアウトライン(構成案)、下書き、最終稿の提出日が載っています。

綾　：ウィルソン先生、どうやらわかりました。でも、困った
　　　ら先生のところに伺ってもよろしいですか？
教授：もちろんいいですよ。綾さん。オフィスの面接時間は掲
　　　示してありますから。

授業に役立つ表現

■ 試験・テスト

□試験はいつですか。	When is the examination?
□試験の範囲はどこまでですか。	To what page does the exam cover? How far does the exam cover?
□どんな試験ですか。	What kind of exam are we going to have?
□辞書の持ち込みは許されますか。	Could [May] we take our dictionaries into the examination room?
□...の追試はありますか。	Is there any make-up (test) for **biology**?

注 a make-up (examination) は再試験の意味にもなる。

たまたま宿題をやっていかなかった日に抜き打ちテスト(pop quiz)があった、という悲劇的経験をだれしも持つかもしれない。そんなことにならないよう、ふだんから毎日の予習・復習をやって授業に出るように心がけたい。

Words and Phrases

試験

(最も一般的な語)	an examination
(口語表現)	an exam
(クラスで行う簡単なテスト)	a test
(ミニテスト／抜き打ち小テスト)	a quiz／a pop quiz
...の試験	an English exam [examination, test]
試験をする	give an examination [a test]

試験を受ける	take an examination [a test]
試験がある	have an examination [a test]
試験勉強をする	study for an examination
	prepare for an examination
	cram for a test*

　　＊「詰め込み勉強をする」という口語表現。

徹夜する	stay up all night
答案を出す	hand in [turn in] one's answer sheets
カンニングする	cheat
試験に合格する	pass the examination [test]
試験に落ちる	fail (in) the examination [test]
科目を落とす	fail a subject [course]
中間試験	a midterm examination／a midterm
前期試験	the first-semester examination
後期試験	the second-semester examination
期末試験	the term-end examination／the term examination／the final (examination)
学年末試験	the year-end [annual] examination
クラス分け試験	a placement test [examination]
筆記試験	a written examination [test]
口述試験	an oral examination [test]
論文形式の試験	an essay examination

授業に役立つ表現

対話例
テスト結果について

 Toru : Hey, Chiaki. I just heard the good news.
 Chiaki : What good news? I haven't heard any.
 Toru : They just posted the TOEFL scores. And you made it!
     You can enroll as a regular student now.
 Chiaki : Super! This was my third try. And I'm in! How about
     you?
 Toru : Not so good. I've still got 10 points to go.
 Chiaki : Don't worry, Toru. This is only your second try. Go for
     it!

 徹 ：千秋さん、今聞いたんだけど、いいニュースだよ。
 千秋：どんないいニュース？ 私は何も聞いていないわ。
 徹 ：トーフルの点数が掲示されたんだよ。君は合格だ！ これ
    で、正規の学生として登録できるよ。
 千秋：うれしい！ 3度目の挑戦だったのよ。受かったなんて！
    あなたはどうだったの？
 徹 ：あんまりよくなかったんだ。10点足りなかった。
 千秋：徹君、心配ないわよ。まだ2回目だもの。がんばってね。

英語運用能力の証明：留学に応募する際、英語能力の証明を求められることが多い。留学する国、大学によって証明となるテストが異なる場合もあるが、よく用いられるテストは以下の二つである。入学に必要な点数の目安を示したが、求められるスコアは大学によって異なるので、事前に確認し、応募締め切りに間に合うよう受験計画を立てる必要がある。何回か受験した場合、一般に2年以内なら、その中で一番良いスコアを提出して構わない。

TOEFL（トーフル）：Test of English as a Foreign Language. 主に北米の大学や大学院への留学を希望する、英語を母語としない人に対

して課せられる英語運用能力テスト。北米のほとんどの大学が入学選考時にこのテストの成績を参考にする。PBT (paper-based test)、CBT (computer-based test)、iBT (internet-based test) の3種類があり、Speaking Section を含む iBT が主流になりつつある。日本でのテスト会場、日時、申し込み方法、テスト概要などは、国際教育交換協議会(CIEE)のホームページで公表されている。(p. 221)

入学に必要な基準点は、短大や大学で iBT 61 (PBT 500、CBT 173) 以上、大学院で iBT 80〜100 (PBT 550〜600、CBT 213〜250) 程度が目安となる。

IELTS (アイエルツ)：International English Language Testing System. イギリス、オーストラリア、カナダ、ニュージーランドなどの多くの大学がこのテスト結果を英語運用能力証明として認めている。「アカデミック・モジュール」「ジェネラル・トレーニング・モジュール」の2種類があるが、留学では前者の結果が求められることが多い。日本での受験の詳細は、British Council のホームページで見ることができる。(p. 221)

入学に必要な基準点は、短大や大学が5.0以上、大学院なら7.0が目安となるだろう。TOEFLとの換算は、IELTS 6.0がiBT 72、IELTS 7.0がiBT 100に当たる。上にあげた国々でも大学によってはTOEFLを認めていることがあるので、事前に調べるとよい。

どの大学も、これらの試験のスコアだけで合否判定を行なうわけではなく、日本の高校や大学での成績、本人の目的意識や勉学意欲なども含めて総合的に判断するので、日頃の勉強にも力を入れ、その他の提出書類にも注意を払うべきである。

■ 教師のオフィスを訪ねて

- □ あとで先生のオフィスへうかがってよろしいですか。
Could I come to your office later?
Is it all right if I come to your office later?

- □ 来週いつかお会いしたいのですが。
Could I have an appointment with you sometime next week?

- □ ...先生、おはようございます。
Good morning, Dr. **Hilton**.
Good afternoon, Dr. . . . .
Good evening, Dr. . . . .
Hello, Dr. . . . .

  注 教師の呼び方は、Dr. のほかに、Professor, Mr., Ms., Mrs., Miss などを使う。

- □ ...先生、ご相談に乗っていただきたいのですが。
I'd like to have some advice, Dr. **Cross**.

- □ ...のことでちょっとお話があるんですが。
Could I speak to you a minute about **your seminar** [about **my final grade in your class**]?

- □ 少しお話しできますか。
Could I speak with you for a moment?

- □ ...の期限の延長をお願いしたいのですが。
Could I have an extension on **my term paper**?

- □ ...についてお話したいのです。
I would like to discuss **this matter** with you.

- □ ご助言をありがとうございました。
Thank you very much for your advice.

- □ もう行かなくてはなりません。失礼します。
Excuse me, but I must be going.

□それでは来週に。	See you next week.
□明日参ります。	I'll come to see you tomorrow.
□さようなら。	Good-bye
□私は一度も欠席しませんでした。	I never missed a single class.
□私は1回だけ欠席しました。	I missed only one class.

1　教師は皆、週数時間、学生のための面接時間(office hours)を設けているので、授業時間外に個人的に会って質問したいときには、オフィスを訪れて教えを請うとよい。e-mailを送るなどして前もって予約(appointment)をとって行くと、よい印象をもたれるだろう。面接時間以外でも、予約さえとれば面会できる。

2　成績に納得がいかず、教師に抗議したいことがあるかもしれない。教師は事務的な誤りであれば、手違いを認めて訂正してくれる。だが、教師の評価はテストやレポートの結果だけによるとは限らないので、総合的判断に基づいてつけた評点を、教師は簡単には変えてくれないだろう。

Words and Phrases

オフィス（研究室）	an office
学生との面接時間	office hours
面接の予約	an appointment
指導教授	an (academic) adviser
留学生アドバイザー	an international student adviser／a foreign student adviser
担任	a class adviser
学科主任	a chair／a chairperson
学部長	a dean
副学長	a [the] vice president
学長	the president／the chancellor

授業に役立つ表現

対話例
教師のオフィスを訪ねて

Prof.　: Come on in.
Akiko : Hello. My name is Akiko Sato. I'm a freshman majoring in economics.
Prof.　: What can I do for you?
Akiko : I'd like to register for your English class.
Prof.　: Well, let me check.

教授：お入りなさい。
明子：こんにちは。私の名前は佐藤明子です。経済専攻の1年生です。
教授：何のご用ですか。
明子：先生の英語の授業をとりたいのですが。
教授：ちょっと調べてみましょう。

・ ・ ・ ・ ・

Kenji : May I come in, Professor Williams?
Prof.　: Sure. What can I do for you?
Kenji : Well, I wanted to ask you a question about the paper that's due Wednesday.
Prof.　: Are you having problems with your topic?
Kenji : No, not really, but I couldn't get my research done, because I was sick all weekend.
Prof.　: So?
Kenji : I was wondering if I could have an extension.
Prof.　: When can you finish it?
Kenji : I was thinking of this coming Friday.
Prof.　: Well, that's fine, then.
Kenji : Thank you very much.

注 I was wondering if I could .... は、丁重に頼む言い方。

健二：ウィリアムズ先生、入ってもよろしいですか。
教授：もちろん、何でしょうか。
健二：あの、水曜日提出のレポートについてお聞きしたいのですが。
教授：選んだテーマがうまくいかないのですか。
健二：いいえ、そうではなくて、調べものが終わらなかったんです。週末ずっと病気だったものですから。
教授：それで。
健二：できれば期限を延ばしていただけないでしょうか。
教授：いつまでならできますか。
健二：今度の金曜日と思っているのですが。
教授：では、それでいいですよ。
健二：ありがとうございます。

4 討論に役立つ表現

　授業中、教師は学生からの積極的な発言を歓迎します。特に、セミナーなどの小さいクラスでは討論への参加が期待されます。学生どうしで意見を戦わせることもあるでしょう。大学の成績評価はテストやレポートの結果だけによるものではなく、授業への貢献度 (class contribution) が大きく左右します。絶えず Why? と問いかける問題意識をもって、自分の意見を積極的に述べるようにしたいものです。

　討論をするときに使う英語は基本的には日常英語と同じですが、First, Second, Finally, などといった言い回しに慣れると、気後れすることなく、自分の意見が言いやすくなるでしょう。

Key Expressions

意見を述べる：	I think that . . . . My opinion is that . . . .
意見を求める：	What do you think about [of] . . . ? What's your opinion about [on] . . . ? How do you like . . . ?
同意する　　：	I think so, too. I agree (with you). I agree that . . . .

反論する	: I don't think so.
	I don't think that ....
	I'm afraid I don't agree (with you).

■ 自分の意見を述べる

□私は ... だと思います。	I think that ....
□私の意見は ...	My opinion is that ....
□私の意見では ...	In my opinion, ...
□ ... について簡単にお話したいと思います。	Let me briefly talk about ....
□私が思うに ...	What I think is that ....
□私の観点からは ...	From my viewpoint, ...
□私が言いたいのは ...	I would say ....
□私に関する限りでは	As far as I'm concerned, ...
□私の知る限りでは ...	As far as I know, ...
□次のように結論します。	I conclude that ....
□ ... というのが私の結論です。	My conclusion is that ....
□第一に／初めに	First, ... ／ To begin with, ...
□第二に	Second, ...
□第三に	Third, ...
□それから	Then, ...
□次に	Next, ...
□最後に	Finally, ... ／ Last, ...
□概して(一般的に)	In general, ...

□簡単に言えば(要するに)	In brief, ...
□手短に言えば(要するに)	In short, ...
□言い換えれば	In other words, ...

> 意見を述べるときには、具体例をあげながら説明すると説得力が増す。まず意見や主張など一般論を述べ、それから裏付けとなる具体例をあげる。とかく日本人はその逆に、具体例から話し始めるので、何のための具体例をあげているのかわからず、相手を途方に暮れさせてしまうことがある。

■ 相手の意見を求める

□あなたはそう思いますか。	Do you think so?
□...についてはどう思いますか。	What do you think about [of] ...? What's your opinion about [on] ...? How do you like ...? What's your impression of ...?
□...について話してください。	Please tell me about ....
□あなたはその計画に賛成ですか、反対ですか。	Are you for or against the plan? Regarding the plan, are you pro or con?

■ 同 意 す る

□賛成です。	I agree.
□あなたに賛成です。 （おっしゃるとおりです）	I agree with you. I'm for your opinion. I'm with you.
□その意見に賛成です。	I agree with that opinion.

討論に役立つ表現

☐ ...であることに賛成です。	I agree that . . . .
☐ それにまったく賛成です。	I fully agree with that.
☐ それに部分的に賛成です。	I partially agree with that.
☐ この[その]点であなたと同意見です。	I agree with you on this [that] point.
☐ ...は事実です。	It's true that . . . .
☐ 私もそう思います。	I think so, too.
☐ あなたと同意見(同じ考え)です。	I have the same idea as you.
☐ ここに書いてあることに同意します。	I agree with what is written here.
☐ それに賛成です。	I'm in favor of it. I'm for it.
☐ それに反対はありません。	I have no objection to that.

■ 同意しない・反論する

英語を話すときには、「No」をはっきり言う。しかし、その場合でも相手の気持ちに配慮することは英語でも大切である。同意できないときにはその旨を述べるが、Noだけ言って真っ向から反対するよりはむしろ、相手の意見を尊重しながら、相手のどの点に賛成できないのか、自分としてはどう考えるのかを筋道を立てて説明するのが、議論を進めるうえでの建設的な態度である。

反面、日本人の中には、反論されると、自分の全人格が否定されたかのように感情的に過度の反応を示す人がいるが、感情移入することなく、互いに意見を戦わせる技術を身につける必要があるだろう。

☐ 私はそうは思いません。	I don't think so.

□私は...とは思いません。	I don't think that ....
□同意できません。	I don't agree.
□残念ながら同意できません。	I'm afraid I don't agree with you.
□あなたの意見には反対です。	I'm sorry I don't agree with your opinion.
□この[その]点については同意できません。	I don't agree with you on this [that] point.
□この[その]件に関して別の意見があります。	I have a different opinion on this [that] matter.
□私は別の観点から見ています。	I see it in a different light.
□それは必ずしも事実ではありません。	That's not always true.
□これらの数字は正確でしょうか。	Are these figures accurate? I wonder about these statistics.

1 statisticsは統計資料。数字や統計は必ずしも正確ではない。"Figures lie and liars figure."（数字はうそをつき、うそつきは数字を使う）という諺がある。
2 You are wrong.（あなたは間違っている）という言い方はかなりきついので、面と向かって相手に言うのは避けたほうが無難である。

□あなたが今おっしゃったことは、ここでは当てはまりません。	What you have just said does not [may not] apply here.
□あなたの話は漠然としすぎています。	You're generalizing too much.
□一般化しすぎています。	I think you are over-generalizing.

□あなたが正しいとは思いません。	I don't think you are correct. I don't think you are right.
□それを証明できますか。	Can you prove that?
□私は間違っているかもしれませんが、...だと思います。	I may be wrong, but I think that . . . .

■ あいまいな言い方をする

□その問題についてあまり詳しくないのですが、私が思うには...	I'm not familiar with the subject, but I suppose that . . . .
□...についてはずいぶん討議がなされていますが...	There has been much discussion concerning . . . , but . . . .
□もちろん、ある意味ではあなたのおっしゃることもわかりますが...	Well, of course in a way you might say so, I suppose . . . .
□このような[そのような]見方もできます。	It can be looked at this [that] way.
□ぴったりの表現がなかなかみつからないのですが...	It is difficult to find the exact expression, but . . . .

討論に際して、日本人の学生の中には "I have no particular opinion about that."（そのことについて特に意見はありません）と言ってすます人がいるが、この表現は外国では通用しない。自己主張が強すぎるのもよくないが、自分の意見を持たない人は、何を考えているかわからない優柔不断な人物とみなされかねないので注意したい。

■ 動議・提案する

□そう動議します。	I so move.

□議長、緊急動議があります。	Mr. Chairperson, I have an urgent motion to propose.
□その動議に賛成です。	I second the motion.
□私は...を提案します。	I now propose that ....
□議事進行について提案があります。	I have a motion concerning the progress of the proceedings.

■ 議事を進行する（議長の発言）

□会を始めたいと思います。	We would like to begin the meeting.
□今日集まったのは...するためです。	Today we have gathered to discuss ....
□...さんに書記をお願いすることになっています。異議はありますか。	**Ms. Kano** is asked to act as secretary. Are there any objections?
□この件に関して、皆さんの率直な意見の交換をお願いします。	Please exchange your frank and candid opinions concerning this matter.
□皆さんのご協力によって、この会の進行をうまく進めたいと思います。	We ask for your kind cooperation so that our discussion will move along successfully.
□...について討議いたします。	We're going to discuss ....
□...を討議したいと思います。	We would like to discuss ....

　　　注 discuss は他動詞なので、about をつけて言わない。discuss the problem のように、すぐあとに名詞形がくる。

□討議に入りましょう。	Let's begin our discussion.

討論に役立つ表現

☐ ...さん、始めていただけますか。	**Mr. Brown**, would you start?
☐ ...さん、あなたの意見を発表してください。	**Ms. Ito**, would you give us your opinion?
☐ ...さん、お願いします。	**Mr. Johnson**, please.
☐ ...さん、この点をどう思いますか。	**Ms. Tanaka**, what do you think about this point?
☐ 皆さん、もっと具体的に討議してくださいませんか。	Could everyone, please, discuss the matter more concretely?
☐ この[その]点は、実例をあげて説明してくれませんか。	Could you offer some good (concrete) examples to illustrate this [that] point?
☐ もう少し詳しく説明してくれませんか。	Could you explain your point in more detail?
☐ もう少し建設的なコメントを出していただきたいと思います。	I would like to hear more constructive comments.
☐ この件について、どなたか意見はありませんか。	Does anyone have any ideas concerning this matter?
☐ 何かコメントはありませんか。	Do you have anything to say about it? Any comments?
☐ それに反対の意見はありますか。	Do you have anything to say against it? Does anyone oppose?
☐ ...さんのコメントと違った意見の人はいませんか。	Does anyone have a different opinion from **Mr. Cross's** comment?

□ ...さんの意見に何か補足したい人はいませんか。	Does anyone have something to add to **Mr. Tada's** opinion?
□では ...さんの意見をうかがいましょう。	Let us, then, hear what **Mr. Garner** has to say.
□この点について、さらに詳しい情報をもっている人はいませんか。	Does anyone have any further information on this point?
□ちょっとお聞きください。	Attention, please.
□次に、決議の立案に移りたいと思います。	I would like to move on to the drafting of a resolution.
□皆さん、ご了承なさいますか。	Does everyone approve?
□あと5分で討議を終えなければなりせん。その前に、最後の意見はありませんか。	We're scheduled to finish our discussion in about five minutes. Are there any final comments before we close?
□時間ですので、これで討議を終えましょう。	Our time is up, so let us finish our discussion at this point.
□これまでに出された意見は...のように要約できると思います。	The opinions presented so far may be summarized as follows....
□結論として...だと指摘したいと思います。	In conclusion, I would like to point out that....
□それでは、まとめてみましょう。	Let me summarize, then.
□まとめとして申し上げたいのは...ということです。	To sum up, I'd like to point out that....

討論に役立つ表現

□有益なご意見をありがとうございました。	Thank you for your valuable comments.
□それでは討論会を終わります。	I would like to close the meeting now.
□皆さんどうもありがとうございました。	Thank you again, all of you.

注 賛否両論があるときには opinions for and against ... あるいは pros and cons about ... などと言う。

■ その他

□事実は...です。	The fact is ....
□要点は...です。	The point is ....
□一番よい例は...	The best example is ....
□あなたが指摘したように...です。	As you pointed out, ...
□彼[彼女]は...と指摘しました。	He [She] pointed out that ....
□彼[彼女]は...と言っています。	He [She] says that ....
□彼らは...と言っています。	They say that ....
□...するのは重要なことです。	It is important to ....
□...と言われています。	It is said that ....
□だから...です。	That's why ....
□たぶん[おそらく]...	Probably [Perhaps, Possibly, Maybe] ....
□言い換えれば	in other words

□また	also
□つまり	that is to say
□実際は	in fact
□一般に	in general
□全体として	on the whole
□とりわけ(特に)	in particular
□たいていの場合	in most cases
□この[その]点については	on this [that] point
□...によると	according to ...
□しかしながら	however
□それどころか	on the contrary
□まず初めに(まず第一に)...	First of all, ...
□言うまでもなく...	needless to say, ...
□みなさんもご存じのとおり...	As you know, ... As you all know, ...
□先ほど話しましたが...	As I mentioned earlier, ...
□すでにお話しましたように...	As I have discussed so far, ...

討論に役立つ表現

Words and Phrases

ディスカッション	discussion	＊一般的な話し合い。
ディベート	debate	＊公開の場で賛否両論に分かれて、一定のルールに従って相手や聴衆を説得する議論の形式。
議長	chairperson	
呼びかけ	Mr. [Madam] Chairperson	
議長を努める	act as chairperson	
書記	secretary	
議事録	the minutes	＊複数形で。

議長には chairman も使われる。呼びかけるには、Mr. Chairman, Madam Chairman のように言う。ただし、man のつく語を女性に使うのはおかしい (sexism) という考えから、最近は chairperson のほうが一般的になっている。

対話例

Prof. : Many Americans think our "War Between the States," or "Civil War," was fought because of slavery. Mari, what do you think?

Mari : Well, of course, slavery was part of it. But wasn't it really an economic war? The North was industrial and the South was agricultural.

Dick : And the societies were different. The social structure in the North was open, and talented people could climb to wealth and power. The social structure in the South was closed, because it was based on inherited land and family position.

Nan : Let's not forget the political differences, either. Political power in the North belonged to whoever could move the masses in the cities, but political power in the South belonged to the aristocrats.

Prof. : Let me summarize, then. The apparent cause of the Civil War was slavery. But the actual causes were very complicated and involved economic, social, and political differences. Do we all agree?

教授　　：多くのアメリカ人は、わが国の「州どうしの戦争」つまり「南北戦争」が起こったのは奴隷制度が原因だと思っています。真理、君はどう思いますか。

真理　　：もちろん、奴隷制度にも一因があります。でも、実際は経済戦争ではなかったんですか。北部(諸州)では産業が発達していたのに対し、南部では農業が中心でした。

ディック：それに、それぞれ社会が違っていました。北部の社会構造は開放的で、才能さえあればだれでも富と権

力を手に入れることができました。一方、南部は閉鎖的でした。土地は代々引き継がれ、家の地位が社会の基盤になっていたからです。
ナン　　：政治的な違いもありますよ。北部では、都市の労働者階級を動かせる人物に政治権力があったのに、南部では、上流階級の人間が政治権力を握っていました。
教授　　：それでは、まとめてみましょう。南北戦争の原因は奴隷制度だと言われています。しかし実際には非常に複雑な要因があり、経済的、社会的、政治的な相違がからんでいます。これでよろしいですね。

・　・　・　・　・

Ken : We've heard from almost everyone? Who hasn't had a chance to speak yet?
Beth : (*Raising her hand*) I'd like to say something, Ken.
Ken : Of course, Beth. Please go ahead.
Beth : Since the next unit is so big and complicated, couldn't we divide into groups? Each group could research one part and report to the whole class.
Ken : That's a good idea, Beth. All those in favor of Beth's proposal say "Yes".

健　　：全員発言しましたね。まだの人は？
Beth：(手を挙げながら)健君、よろしいですか。
健　　：ベスさん、もちろんどうぞ。発表してください。
Beth：次の範囲は広くて複雑なので、グループ学習してはどうでしょうか。各グループが一つのところを調査してクラス発表するのです。
健　　：ベスさん、それはいいアイデアですね。ベスさんの提案に賛成の人は「賛成」と言ってください。

5 プレゼンテーションに役立つ表現

　海外の大学では、自分で調査・研究した内容をクラスで発表することが求められることがあります。また、国内でも自分の選んだテーマでプレゼンテーションをすることを最終目的にする授業もあるでしょう。プレゼンテーションは、自分の研究成果を客観的に見直す機会になり、その後の研究を発展させるのにも役立ちます。ここではプレゼンテーションの流れに沿って、以下のそれぞれの役割を演じるのに役立つ英語表現を紹介します。

Coordinator: 司会をしたり、手順を示したりするプレゼンテーションの調整役。このような役割を置かずに行なう場合もある。
Presenter(s): 発表者。ペアやグループなど、複数の発表者がいることもある。
Audience: 聴衆。授業の参加者だけでなく、外部からの参加を許すこともある。

■ Coordinator
発表会を開始する

☐ では、始めましょう。

　Now, let's start the session.

☐ ...さんによる...という題のプレゼンテーションから始めます。

　We'll begin with the presentation entitled '**English and Me**', presented by **Ms. Suzuki**.

☐ ...さんは...について話してくれます。

　Mr. Tanaka will be talking to us about **his experience in studying abroad**.

■ Presenter(s)
1. 挨拶をする

☐ ご紹介ありがとうございました。

　Thank you very much for your kind introduction.

☐ プレゼンテーションをする機会をいただき、感謝します。

　Thank you for giving me [us] a chance to give you a presentation.

☐ ...についてみなさんに発表するのは大きな喜びです。

　It's a great pleasure to make a presentation to you on **my research**.

2. プレゼンテーションを開始する

☐ 今日、私[私たち]は...についてお話したいと思います。

　Today, I [we] would like to talk about **what I [we] have learned from staying abroad**.

☐ 私[私たち]のプレゼンテーションは...に焦点を当てます。

　My [Our] presentation will focus on **the cultural differences between the United States and Japan**.

☐ ハンドアウトを配ります。

　I [We] will give you a handout.

☐ ... を見てください。

Please take a look at **the first slide**.

3. 話題を転換する

☐次の点に進みましょう。

Let's move on to the next point.

☐では、... に目を向けてみましょう。

Now, let's turn our attention to **another aspect**.

☐時間が限られているので、... に飛びましょう。

As the time is limited, let's skip to **the next point**.

4. プレゼンテーションを締めくくる

☐結論として、この発表の大切なポイントをもう一度申し上げたいと思います。

In conclusion, I [we] would like to repeat the key points of this presentation.

☐要約すると、この発表の主な主張は ... です。

In short, the key message of this presentation is ....

☐ご清聴ありがとうございました。

Thank you very much for your kind attention.

■ Coordinator

1. 質疑応答を促す

☐大変興味深いプレゼンテーションをありがとうございました。

Thank you very much for a very interesting presentation.

☐これから質疑応答に入ります。

The paper is now open for discussion.

☐何か質問やコメントがありますか。

(Are there) any questions or comments?

2. 時間調整をする

☐活発なご意見をありがとうございました。

Thank you for your active discussion.

□時間が迫ってきましたので、次のプレゼンテーションに移ります。

As our time is running out, we will now move on to the next presentation.

■ Audience
1. 質問をする
□質問してもいいですか。

May I ask you a question?

□ちょっと確認の質問をしてもいいですか。

May I just ask you a clarification question?

□初歩的な質問かもしれませんが、...とはどういう意味ですか。

This may be a very basic question, but may I ask you what '**foreigner talk**' means?

□...についてまだよく分からないのですが、もう一度説明していただけますか。

I am still not very clear about **your third point**. Could you explain it again?

2. 意見を述べる／同意する／反論する

プレゼンテーションの内容については率直に意見を戦わせる。しかし、その場合も相手に敬意を払うことを忘れてはいけない。時と場合に応じた適切な表現を選ぶべきである。

*「討論に役立つ表現」p. 57 ～参照

6 効果的な読書法

　重要な情報を短時間にしかも効率よく得る読書法は、留学を成功させる鍵になります。大学の授業で要求される膨大な読書量をこなすためには、時間をかけて精読したり、何度も読み直していてはとても間に合いません。この読書法を活用して、重要な情報を確実に得てください。

S（Survey）──概観する
　本や論文の目次や章をじっくり見て、全体の構成をとらえて、内容の検討をつける。それから、書き出しの文、トピック別の小見出し、そして要約の書いてある最後のまとめの部分を読む。写真、グラフ、図、表などを見て、それに付けてある説明（caption）を読む。最後に、練習問題や参考文献が付いていれば、それにも目を通す。以上、大づかみに読んで「何が書いてあるか」という概要を素早くつかむ。

Q（Question）──質問を設定する
　自分で質問を考える。例えば、「著者はどの情報を読み取ってほしいのか」、「著者は何を主張しているのか」など。さらに具体的な質問としては、「この単語の意味は何か」、「当時の首相は誰だったのか」などを自分に問いかけてみる。5W（when, where, who, what, why）、1H（how）など、自問してみるとよいだろう。

R（Read）──読む

　集中して読む。自分にとって必要なポイントに下線を引いたり、付せん（Post-it）を付けておくと、後で役に立つ。質問の答えを得るために、重要な部分と読みとばす部分の区別をつけて読み、すべてを記憶する必要はない。

R（Recite）──詳述する

　質問に一つひとつ答えて、理解しているかどうかを確認する。紙に書き出す、あるいは声に出して読み上げてもよいだろう。この場合には、できるだけ自分の言葉に置き換えることが大切である。

R（Review）──復習する

　しばらく時間をおいて（例えば、翌朝、授業の前、試験を受ける前に）、質問とその答えを見直す。さらに、チェックマークを付けた個所をもう一度読み直して検討してみる。

7 エッセイ (Myself)

　留学すると、英語で自分のことについて話したり、書いたりする機会が多くあるでしょう。自分のことをわかってもらうことが大切なので、自分のことばで素直に書きます。入学前に、あるいは入学時にエッセイを要求する大学もあるので、早めに準備しておいてください。

■ 生活暦を中心にした書き方
　（An Encyclopedic Introduction）
　家族、学校、思い出に残る出来事、志望の動機、進路についての希望などを、自分のことばで書く。

Myself

Satoshi YAMADA*

My name is Satoshi Yamada. I was born and brought up in Yokohama and attended elementary through high school there. I live with my parents and sister in a traditional style Japanese home. It takes about an hour and a half for me to get to the university by train.

When I was in elementary school, I jointed the baseball team and was a pitcher for both the junior high school and high school teams. Therefore, I would very much like to be a pitcher on the university baseball team, too. Even though I am an enthusiastic baseball player, I have no intention of trying to become a professional player.

I am now interested in business. My future career aspirations are to become a banker and work in this field. Because the world is going through so many dramatic changes these days, I believe there will be many business opportunities in banking in the future. I think it could be a challenging job. After working a few years in a bank to develop my career further, I plan to work on my MBA* in the U.S.

Although I am rather ambitious, I must admit I am rather shy. But I like meeting many people. So I want to make many friends while I'm here.

(Signature)

＊姓名のどちらを先に書くかは人によって異なることもあるので、区別するために姓をすべて大文字にすることもある。

＊MBA (Master of Business Administration)…経営学修士

Myself

MIDORIKAWA Yayoi

My name is Midorikawa Yayoi, or in the Western style, Yayoi Midorikawa. My given name Yayoi comes from the month of March, when I was born. It is also the name of the period of about 300 B.C., when rice culture was introduced into Japan. My family name Midorikawa means "green river".

I was born on March 10, 1990, in a city called Kamakura. I went to Horie Kindergarten, to Minami Elementary School, and to Miyakegawa Junior High School, all in Kamakura.

While I was going to these schools, my father worked for a bank in Tokyo. Then he was promoted to branch manager of his bank, and he had to move to Sapporo, leaving my older sister and me behind in our home in Kamakura. He wanted me to attend Higashi High School in Tokyo.

At first I wasn't happy at Higashi, because I missed my family. Then I realized how lucky I was. I was going to one of the best schools in Tokyo, I made many new friends, and I became interested in English because I had two friendly American teachers.

After graduating from Higashi High School, I passed the Minato College Entrance Examination.

My major is English literature. My teachers there have encouraged me to go to San Diego State University, and I am ready to begin my classes in the United States.

I want to become a "kake-hashi," a person who builds bridges between Americans and Japanese. I now want to enjoy the best of both countries.

(Signature)

■ 1つのテーマに絞った書き方
   (A Thesis-Directed Introduction)

百科事典的に事実を羅列するのではなく、日ごろ感じたり考えたりしていること、あるいは自分の性格などについて、エピソードなどを交えながら書く。

以下に自分のせっかちさ(impatience)について書かれたエッセイをあげておくので、参考にしてほしい。

Myself

Kiyomi TADA

I don't know how many times my mother said to me, "Kiyomi-chan, your neck is getting longer because you are so impatient." Whether it was while I was waiting for my father to come home from work or for my brother to give me my turn on the bicycle we shared, I was always impatient.

It's true that I am impatient, and it's probably true that I was impatient when I was an elementary school child in Kamaishi and my father commuted to work in Miyako. It's true that I am impatient now, also, but the things I am impatient about have changed. In junior high school and high school, I was impatient about the next test, the next festival or the next school trip. Now, since I studied at Iwate University in Morioka, I am impatient for the world to improve. I am impatient to help it improve in many ways.

I want Japanese people to take better care of their environment.

I want Japanese people to respect the people of Tohoku.

I want Japanese women to have more opportunities for careers and freedom.

I want Japanese and Americans and people all over the world to love each other and to live in peace and plenty.

My family has always helped me overcome my impatience in the past, but they are helping me continue to be impatient now. My mother helps wives and families through our community activities. My brother studies at a medical school in Sendai to become a doctor. And my father pays for me to come to the United States so I can learn good English and help improve the world. The members of my family have made me impatient, I think, and so I will try to continue to be like them and work to make the world better.

(Signature)

8 アウトラインの書き方

　アウトライン(outlining)は、レポートやスピーチの原稿を書く前に、どういう構成にするかを決める作業です。自分の考えや主張を関連する項目にまとめ、筋の通った順序に配列します。これによって要点が整理され、論文の進め方の筋道が明らかになります。ものごとを論理的に考える習慣を身につけるためにも、アウトラインを書くコツをマスターしてほしいものです。構成法の主なものをあげると、

　(1) 時間配列（事が起こった順に書く）
　(2) 空間配列（物の置かれてある位置に沿って書く）
　(3) トピック配列（トピック順に書く）
　(4) 問題―解決配列（問題提起をして解決案を得る）
　(5) 原因―結果配列（原因から結果を導くように書く）

などが考えられます。どの構成にするかは、レポートやスピーチの話題や内容によって決まります。

＊節、小節の番号・記号の付け方は、トピックの重要度に応じて、題目(Title)、ローマ数字、アルファベットの大文字、アラビア数字、アルファベットの小文字、カッコに入れたアラビア数字、カッコに入れたアルファベット小文字の順で書く。

(Title)

I. A.
　　1.
　　2.
　　　a.
　　　b.
　　　　(1)
　　　　(2)
　　　　　(a)
　　　　　(b)
　B.
　　1.
　　2.
　　3.
　　4.
　　　a.
　　　b.

II.
　A.
　　1.
　　2.

＊トピックの同じ番号・記号のところは、内容からみてほぼ同格のものがくるようにする。格が下がるにしたがって1字ずつ右にずらして書く。

I, II, ... は章名、A, B, ... は各章の大見出しのトピック、それからは、1, a, (1), (a)の項目で順次細かく説明していく。

⟨アウトラインのサンプル⟩
"American Television"

I. Introduction
   A. Lee DeForrest anecdote
   B. Main idea—Television is an idiot.
II. Body—Television programming
   A. Network function
      1. Preparing or procuring programs
      2. Selling them to sponsors
      3. Distributing them to local channels
   B. Traditional networks
      1. NBC
      2. CBS
      3. ABC
   C. New, specialized, pay networks
      1. CNN   4. MTV
      2. HBO   5. ESPN
      3. A&E   6. Showtime
   D. Programming patterns
      1. Weekday daylight hours—homebound audience
         a. Serials
         b. Game shows
         c. Homemaker programs
            (1) Cooking
            (2) Sewing
            (3) Home repairs
            (4) Shopping
         d. Re-runs
         e. News segments
         f. Minor sports
         g. Old documentaries

2. Weekends
   a. Saturday
      (1) Mornings—children
         (a) Cartoons
         (b) Adventures
      (2) Afternoons—parents
         Sports events
   b. Sunday
      (1) Mornings
         Religion
      (2) Afternoons
         (a) Sports
         (b) Education
         (c) Public service
3. Prime Time
   a. High-budget specials
   b. Dramas
   c. Situation comedies
   d. Variety shows
   e. Mini-series
      (1) Silk
      (2) The Civil War
   f. News
4. Movies at any time

III. Conclusion
   A. Thesis statement—Television is an idiot.
   B. Criticisms of television
      1. Poor quality
      2. Low intellectual level
      3. Requires nothing of the viewer
      4. Misleads about the real world

American Television

When Lee DeForrest, the inventor of the vacuum tube, spoke to the National Association of American Broadcasters, he said, "What have you done to my child? You have made it into an idiot." DeForrest was talking about radio, but his comment would apply equally to Television.

The national networks traditionally have monopolized American television programming. The three networks—NBC, CBS, and ABC—in the past have prepared or procured the programs, sold them to sponsors, and distributed them to local channels for broadcast.

Now, however, those networks have been joined by a large number of "pay television" networks, such as CNN (Cable Network News), HBO (Home Box Office), A&E (Arts and Entertainment), MTV (Music Television), ESPN (Entertainment and Sports Network) and Showtime. As their names indicate, these do much the same job as the older networks, except they are specialized and the viewer pays.

Programming by the major networks follows a different pattern for weekdays, weekends, and prime time. Weekday daytime hours are aimed primarily at homebound people. Networks beam to them such low-budget shows as serials, game shows, homemaker's programs (cooking, sewing, home repairs, shopping) and re-runs, as well as news segments, minor sports, and old documentaries.

On weekends, Saturday morning belongs to children for catoons and adventures, with sports events later for parents. Sunday morning is devoted to religion, with the afternoon for sports, education, and public interest.

The most costly programs are in prime time—the 3–4 hours

after 7 : 00 each night. These are specials, dramas, situation comedies, variety shows, and mini-series—such as *Silk* and *The Civil War*—and local and national news.

Movies may be shown by almost any channel at almost any time, with the most recent, popular, and dramatic reserved for prime time.

Why might Lee DeForrest call television "an idiot"? The major criticisms of television are that programming quality is far below the potential of the medium. Also, the intellectual level is appropriate for fifth-grade children.

Two other criticisms are probably even more devastating. Watching TV is passive and demands no initiative, activity, creativity, or effort. Thus, it may incapacitate people for an active, productive, and creative life. Finally, programs mislead viewers about reality. One can't solve the world's problems in 30 or 60 minutes as on television, so perhaps viewers are again incapacitated for facing real life in the real world.

9 要約の書き方

　要約(précis [preisíː, ⌣ —])は、原文の内容を自分の言葉で 1/5～1/3 の長さに短縮してまとめたものです。原文の要点はすべて盛り込まなければなりません。要点を同じ配列で提示します。その場合、重要な部分、重要でない部分を見分け、要点を立証するための例などは省きます。一般的には summary とも言います。

1) 原文をよく読んで、内容を正確に把握する。
2) パラグラフの中心になる考えを一般化して述べた文、すなわちトピック・センテンス(topic sentence)を書き出す。通例、1つのパラグラフにはポイントとなるトピック・センテンスは1つである。
3) 細かい記述は省く。例えば、統計、実例、用例や図表、具体例としてあげてある話、作り方や手続き、説明や描写、比較など。主要事項のみに絞る。
4) 主たる考え(main idea)、傾向や姿勢(attitude)、配列(arrangement)が原文に忠実であるかどうかを確かめる。
5) 出来上がった草稿にもう一度目を通して校正する。新たな事項は加えずに、内容が明確に書かれているか、文から文への移行がスムーズか、要点が短くまとまっているかを再確認する。

　海外の大学では、教科書のほかに、数多くの参考書を課題学習として読ませて(outside reading)、その要約の提出を要求する教師が多いので、この技術を身につけておく事は大切である。

> **Original**

The Japanese writing system is one of the most complex in the world, primarily because it evolved over a long period of time as external and internal influences waxed and waned over the years. The present system is based on Chinese characters. Since the Japanese already had an oral language for the *kanji* concepts, they would give to the Chinese character at least one native Japanese pronunciation as well.

The whole process, however, is more complex than the foregoing suggests. A single character might come in with different pronunciations from different places—and, in addition, it might come in several times over several centuries, each time with a different meaning and pronunciation.

To tie all of these multiple-meaning, multiple-sound characters into the existing grammatical system, the Japanese developed *hiragana* and *katakana*, which are syllabic symbols. These syllabic symbols communicate the grammatical relationships of the words, as well as supplementing the *kanji* for special emphasis, for foreign words, and for new concepts.

When Westerners came to Japan, they brought the Roman alphabet, so the Japanese added yet another element to their writing system—not for everyday use and not for themselves—but as a way of expressing ideas in writing for people who cannot read the Japanese language.

Précis

The Japanese writing system, which is based on Chinese characters, is very complex because the characters introduced from China were combined with the oral native Japanese language.

To show grammatical relationships, the Japanese supplement *kanji* with *hiragana* and *katakana*, two sets of syllabic symbols.

Westerners brought the Roman alphabet to Japan, and Japanese sometimes use it in communicating with people who can't read the Japanese language.

要約の書き方

10 レポートの書き方

海外の大学では、絶えずレポートを書かされます。また試験でも論文形式(essay-type)の設問が多いので、論文を書く形式や手順を身につけることが望まれます。

■ 論文テスト型の構成法とサンプル
(Essay Test Pattern)

論文形式のテストで学力を評価すると評価が主観的になり公平さを欠くという批判もあるが、現実には、成績のよしあしは論文を書く能力によって大きく左右される。論文テスト答案を書くときの大原則である、論点を述べて論証する書き方のコツをマスターしておく必要がある。

以下に書き方の一例をあげるので、参考にしてほしい。

① 質問を言い換える。質問に対する論点(自分の主張)を1つの文にまとめて書く、

② 論点の裏付けとなる理由を2つ〜3つあげ、それを1つの文にまとめて提示する。

③ ②であげた理由を、筋道を立てて1つずつ順番に論証する。その場合、理由はなるべく具体的で説得力のあるものとし、各理由は別々のパラグラフに分けて書く。

④ 論点をもう一度繰り返す。できるなら、それをさらに発展させたものも含める。

質問	An economist recently declared that "every tax is a tax on the individual consumer." Indicate whether you agree or disagree and give reasons.
質問を言い換える	While it is tempting to vote for a tax on landlords or on big utility companies, the truth is that every tax is a tax on the individual consumer.
論点を述べる	Both direct taxes, such as income taxes and sales taxes, as well as indirect taxes, such as business inventory taxes and corporate profit taxes eventually cost the consumer.
各々の理由について論証する	It's obvious that income taxes and sales taxes are paid by the individual consumer, and perhaps that's why they are unpopular. As a consumer, I pay a portion of my income to the government when I accept my salary—minus the tax deduction—and when I pay a tax on a purchase.
主張を繰り返し、さらに発展させる	It's less obvious when I make that purchase that I am also paying other taxes as well. I am paying part of the big company's business inventory tax and corporate profit tax. Yes, those taxes are on the big company, but the big company pays them with money it gets from the consumer. It simply tacks the prices of its taxes onto the costs of its products. Built into the cost of my bread are the taxes on the company.
論点を繰り返し、さらに発展させる	Yes, every tax is a tax on the individual consumer. Consumers pay both the taxes imposed on them and also the indirect taxes imposed on big companies. Indeed, we consumers may even be paying the inheritance taxes for the families of the company founders.

■ 情報伝達型レポートの構成法とサンプル
（Expository Pattern）

論文を書く最も一般的な方法で、スピーチ、レポートなど多くの場合に応用できる。序論、本論、結論の順に展開する。以下に構成の仕方の例をあげる。

I. 序　論（Introduction）
　A. 読み手の注意を引きつける。
　B. 主たる考え（main idea）を述べる。つまり、自分はレポートで「何を言いたいのか」を表明する。
　C. 主張の根拠となる理由をいくつか（3〜4程度）にまとめて、その概要を述べる。

II. 本　論（Body）
　序論であげた理由を1つずつ取り上げ、裏付けとなる具体的な例をあげながら論じる。実例などで補強することによって、自分の主張したい論点がより明確になる。

III. 結　論（Conclusion）
　A. 本論で述べた主題あるいは主張をこれまでとは異なることばで数行に要約する。その場合、重要な論点を繰り返しながらまとめるとよい。これによって説得力を高めることができる。
　B. 最後の締めは、読み手にアピールする効果的な終わり方をする。今までに述べたことの応用や、将来への展望などを含めるとよい。

「日本人は一方的に主張するだけで説得力に欠ける」と批判されることがあるが、それは主張の裏付けとなる論拠を十分にあげないことからくることが多い。相手に納得してもらうためには、具体例などをあげながら説明したり、論理的に証明したりする技術をマスターすることが大切である。

序論	In 1897, Alexander Graham Bell's stockbroker tried desperately to telephone the great inventor. There was a panic on Wall Street, and because Bell had no telephone, he lost millions of dollars. Although the telephone can be a great convenience, its inventor considered it a nuisance—and even today many people are calling for laws to make the telephone less of a nuisance.
本論	Bell disliked his own invention for two reasons. Frist of all, he was a little deaf, so he had trouble hearing on the telephone. Secondly, he didn't like being interrupted. He resented getting a call when he was busy.
	People who are objecting to telephones today complain about the telephone's obtrusiveness. Mobile phones and portables place telephones everywhere. People have complained about being disturbed by telephones in restaurants, on trains, in movie theaters, in galleries, on the street—and every other conceivable place.
結論	Like Alexander Graham Bell, many people dislike the obtrusiveness of the telephones. Unless users of mobile phones begin to control their use of the telephone, they can expect that laws will be enacted.

■ 調査研究の仕方・研究論文の書き方

　留学の締めくくりとして調査研究をし、それを論文にまとめることが要求される場合も少なくない。調査研究の仕方は分野によっても異なるので、担当の教師によく相談することが大切である。また、論文の書き方も各大学が執筆要領を定めていることが多いので、その規定に従うこと。ここでは一般にどのようなことに気をつけたらよいか、その要点を概説しておく。

1. テーマの決定

　論文を書くというと、何か大きなことをやりたいという気持ちから手に負えないようなテーマを選びがちだが、それでは計画倒れに終わることが多い。締め切りまでの時間を考え、自分の知識や能力が生かせるようなテーマを選ぼう。

2. 文献の検索・先行研究の検討

　図書館やインターネットなどを使って文献を検索し、自分の選んだテーマに関連してこれまでにどのような研究がなされてきたのかを調べる。このようにして得られた情報を論文に書く場合には、必ず出典を明記する。いわゆるコピペ（copy and paste）など、他人の書いた文章を自分が書いたもののように使うことは plagiarism（剽窃・盗用）とされ、カンニングと同様に厳しく禁じられている。これが発覚すると、停学や退学処分を受けることになる。他から情報を得ること自体が問題なのではなく、その書き方が重要なのだ。引用の仕方は各大学が定めていることが多いので、それに従うこと。

3. 調　査

　なんらかの方法を用いて独自の調査をする。分野によって異なるが、例えば、観察、アンケート、ロール・プレイ、インタビューなどを用いることがある。その分野の先行研究を参考にし、自分にとって可能な方法の中から目的に最も適したものを選ぶ。調査をする場合、倫理（ethics）に配慮することが大切である。事前に許可を得る

必要があることも多く、倫理規定が厳しい国もある。また、結果を発表する場合、協力してくれた人のプライバシーに配慮し、個人情報の扱いに細心の注意を払うことも忘れてはならない。

4. 論文の執筆

　文系か理系か、またどんな分野かによっても異なるが、研究論文の基本的な構成は以下のようなものである。これ以外にも、「結果」と「分析・考察」を同じ章にするなど、様々な章立てがあり得る。

I.　Introduction（序論）：研究の動機、目的を述べる
II.　Review of Literature（先行研究）：その分野でこれまでになされてきた研究を検討する
III.　Method（調査方法）：調査方法を説明する
IV.　Results（結果）：調査によって得られた結果を示す
V.　Analysis and Discussion（分析と考察）：結果を分析し、自分の考えを述べる
VI.　Conclusion（結論）：調査から分かったこと、反省点などを簡潔にまとめる
Bibliography（参考文献）：参考にした文献一覧を示す（以下5参照）
Appendix（付録）：本文に収まりにくいものがあれば載せておく

5. 参 考 文 献

　論文の巻末には必ず参考文献をリストアップする。この書き方も各大学が定めていることが多いので、その規定に従うこと。執筆の最後にこのリストを作ろうとするのは得策ではない。一般に、書籍なら「著者名」「出版年」「書名」「出版地」「出版社名」を明記することになっているので、図書館などに本を返す前にこれらの情報を確認しておくこと。

11 教師が使う慣用表現

　コミュニケーションは一方通行ではありません。教室で教師が話す指示の英語が聞き取れないと、学業に支障をきたします。決まった表現が多いので、慣れてしまえば簡単です。ざっと目を通しておいてください。

■ あいさつ・授業への導入・出欠をとる

□皆さん、おはようございます。　Good morning, everybody [class].
　　　　　　　　　　　　　　　　Hello, ...
　　　　　　　　　　　　　　　　Ans. Good morning, ...

□出席をとります。今日の欠席　　I'm going to call the roll now.
　者はだれですか。　　　　　　　Who's absent today?
　　　　　　　　　　　　　　　　Ans. ... is [will be] absent today.

□この前の授業の復習をしま　　　Let's review our last lesson.
　しょう。　　　　　　　　　　　**Ans.** O.K. / All right.

□(今日の)授業を始めましょう。　Let's start our [today's] lesson.
　準備はできていますか。　　　　Are you ready?
　　　　　　　　　　　　　　　　Ans. Yes.

99

■ 指示を与える

- 私の言うことを聞いてください。 Listen to me.
- CD をよく聞いてください。 Listen to the CD carefully.
  Ans. O.K.／All right.
  > 注 教師によっては please をつけてていねいに言う。

- 教科書の ... ページを開きなさい。 Open your textbook to page **15**.
- ... 行目から始めます。 We'll start at line **10**.
- きょうは ... ページから始めましょう。 Let's begin on page **15** today.
- ページをめくってください。 Turn the page over.／Turn (over) the page.／Next page, please.
- 上[下]から ... 行目です。 **Five** lines from the top [the bottom].
- 本を閉じなさい。 Close your books.
- ... ページの練習問題 ... 番を見てください。 Look at Exercise **2** on page **15**.
- 声に出して教科書を読みなさい。 Read the text aloud.
- 私のあとについて読みなさい。 Read after me. [Repeat after me.]
- CD のあとについて読みなさい。 Read after the CD.
  Ans. O.K.／All right.
- CD をかけますから、本を見ていてください。 Follow along in your book as I play the CD.
- CD のあとについて、ひとつずつ繰り返しなさい。 Repeat each sentence after it's spoken on the CD.

100

□この文をノートに写しなさい。	Copy this passage down in your notebook.
□本をふせなさい。	Turn your book over.
□黒板を見なさい。	Look at the blackboard.
□その語を辞書で調べなさい。	Look up the word in the dictionary.
□その慣用句を暗記しなさい。	Memorize the phrase.
□静かにしてください。	Be quiet, please. Quiet, please. **Ans.** I'm sorry. ／ O.K.
□隣の人と一緒に見なさい。	Share your book with your neighbor.

■ 学生に答えを求める

□問題をやりなさい。	Do the exercise now.
□私の質問に答えなさい。	Answer my questions, please.
□だれか答えられる人はいますか。	Does anyone have an answer? **Ans.** Yes, I do. I think it's .... Can anyone give me an answer? **Ans.** Yes, I can. It's ....
□ ... さん、... 番の答えがわかりますか。	**Yoshiko**, can you give me the answer to number **5**? **Ans.** Sure.
□ ... 君、... 番の答えは何ですか。	**Tadashi**, what's the answer to number **6**? **Ans.** Number 6? It's ....
□ ... さん、答えがわかりますか。	**Nancy**, do you know the answer? **Ans.** Yes, I do. ／ No, I don't.

教師が使う慣用表現

□だれか答えがわかる人はいますか。	Does anyone know the answer? Ans. Yes, it's ....
□...はどのように綴りますか。	How do you spell ...? Ans. It's spelled ....
□この単語はどのように発音しますか。	How do you pronounce this word? Ans. [kwíz].
□...はどうですか。	How about ...? Ans. It's ....
□...についてどう思いますか。	What do you think about [of] ...? Ans. I think ....
□次の人、どうぞ。	Next, please.
□次はだれですか。	Who's next? Ans. I am.／I'm not.
□今度はだれの番ですか。	Whose turn is it now? Ans. It's mine.／It's not my turn.
□手をあげなさい。	Raise your hand, please.
□もう一度やってください。	Try it again.
□もう一度言ってください。	Say it again. Ans. O.K.／All right.
□あなたの声が聞こえません。	I can't hear you. Ans. O.K.／All right.
□もう少し大きな声で言ってください。	Please speak louder [more loudly].
□もう少し大きな声で言ってくださいませんか。	Could you speak up, please?

■ 質問を受ける

□何か質問はありませんか。	Do you have any questions? **Ans.** Yes, I do./No, I don't.
□ほかに質問は。	Any other questions? **Ans.** Yes./No.
□ここまでで質問はありませんか。	Any questions so far?
□今日の授業のことで質問はありませんか。	Do you have any questions on what we did in class today? **Ans.** Yes./No.

■ 理解したかどうかを確認する

□私の言うことがわかりますか。	Do you understand me?
□この考え方がわかりますか。	Do you understand this concept? **Ans.** Yes./No.
□この意味がわかりますか。	Is this meaning clear to you? **Ans.** Yes, it is./No, it isn't.

■ グループに分ける・ペアを組ませる

□...人のグループをつくってください。	Form groups of **three** [**four, five**].
□隣の人とペアを組んでください。	Work in pairs with your neighbor.
□自分の席に戻ってください。	Return to your seats.
□元の場所に戻ってください。	Return to your original positions.

■ ノートを交換させる

□隣の人とノートを交換してください。 — Exchange notebooks with your neighbor.

■ 辞書を使わせる

□辞書を出してその語を引きなさい。 — Take out your dictionary and look the word up.

□その語を辞書で調べなさい。 — Look up the word in your dictionary.

□"credit" のところを調べなさい。 — Check under "credit".

■ 試験をする

□持ち物をしまいなさい。テストを始めましょう。 — Put your things away now, and we'll begin the quiz.

□準備はいいですか。 — Are you ready?
Ans. Yes./No.

□時間です。 — Time is up.

□ではテスト用紙を集めます。 — I'd like to collect your papers now.

□名前と番号が記入してあるかどうか確かめてください。 — Make sure that your names and numbers are on them.

□答案用紙を渡しなさい。 — Hand in your test papers.

□各列の一番最後の学生は、後ろから集めて持って来てください。 — Will the last student in each row, please pick up the papers in your row and bring them to me?
Ans. O.K./All right.

□自分で採点しなさい。 — Correct [Mark] your own test.

■ 課題・レポートを出させる

□課題です。	Here is your assignment.
□課題を出します。	I'll give you your assignment now.
□40〜50ページを読んで、51ページの質問に答えてください。	I'd like you to read pages 40 to 50, and answer the questions on page 51.
□レポートは...までに提出しなければなりません。	Your papers must be handed in by **next Friday, May 15**.
	Ans. O.K.／All right.
□期末レポートの締め切りは...月...日です。	The deadline for the term paper is **December 15**. [The term paper is due on **December 15**.]

■ ディクテーション(書き取り)をする

□これから行うディクテーションの目的は、聞き取る、単語を綴る、大文字で書く、句読点をつけるなど、あなたの英語能力をチェックすることにあります。	The purpose of this dictation is to check your ability to listen, to spell, to capitalize, and to punctuate properly.
□3回その文章を読みます。	I'll read the passage three times.
□初めは、普通の速さです。	First at normal speed.
□次は、句や文を区切ってゆっくり読みます。そのとき書いてください。	Then, slowly one phrase or sentence at a time, so you can copy the passage.
□最後に、初めから通してもう一度読みます。	Last, I'll read the whole passage again.

☐読み終わったあと、2分間でもう一度書いた文章を修正してください。	You will have two minutes to proofread after I have finished reading.
☐読んでいる最中、また終わってからも質問は受け付けません。	You may not ask any questions either as I read or after I finish.
☐さあ、用意はいいですか。	Are you ready?

■ コメントする

☐よろしい。	Good.
☐よくできました。	Well done!
☐たいへんよろしい。	Very good.
☐がんばってください。	Good luck!
☐優れています。	Excellent.
☐かなり近いです。	Very close.
☐ぎこちない。	Awkward.
☐そのとおりです。	That's it.
☐重複しています。	Redundant.
☐正解です。	Right. [Correct.]

■ 授業を終了する

☐時間がありません。	We're running out of time.
☐今日はこれまで。	That's all for today.
☐さあ、ベルが鳴っています。	Well, that's the bell.
☐今日はここでやめましょう。	Let's stop here today.
☐皆さん、さようなら。	Good-bye, class.

■ 成績評価

　成績は、レポート、小テスト、定期試験のほかに、クラスでの参加度(class participation)なども考慮して総合的につけられる。成績に一喜一憂することはないが、学位を取得するためには、ある一定以上の成績を取ることが望ましい。学部の学生ならば、平均でもC以上、もし大学院への進学を希望するのであれば、B以上。大学院生の場合は、平均B以上を取る必要がある。もらった成績に納得できないときには、教師のところに行って丁重にそのことを話すとよいだろう。

　成績のつけ方は大学によって、また教師によって異なるが、大学レベルは相対評価、大学院レベルは絶対評価で採点しているところが多い。大学によって異なるが、一例としては以下のようである。

　　優　A　90点以上　Excellent
　　　　B　80点以上　Above average (Very good)
　　良　C　70点以上　Average (Good)
　　可　D　60点以上　Below average (Pass)
　　不可　F　59点以下　Failure

・GPA(Grade Point Average) [総合成績平均点]

　成績の表示はGPAで行うことが多い。4点評価法ではAは4点、Bは3点、Cは2点、Dは1点、Fは0点。全Aの学生は、GPAが4点という計算になる。

　例えば、100単位取得し、その内訳がA(20単位)、B(50単位)、C(30単位)だったとして計算すると、

$$\frac{(20\times 4)+(50\times 3)+(30\times 2)}{100}=2.9$$

GPAは2.9になる。

教師が使う慣用表現

■ 訂正記号

> 提出した作文やレポートが戻ってきたら、すぐ誤りを訂正しよう。自分がした誤りを早めに直すのは、英語上達の近道である。教師はふつう正しい答えを書き込まずに、間違ったり、不適切な書き方をした箇所に訂正記号をつけて、学生が自分で訂正するように注意を喚起する。教師の使う訂正記号に慣れると、見直しが楽にできるだろう。記号を大文字で書くか小文字で書くかなど、記号の書き方は教師ごとに異なる。以下に、一般に使われる例をあげるので、参考にしてほしい。

- **Abbr**(Abbreviation)…略語：作文や公式の文書では、省略した語はなるべく使わない。
  （例）　Am. students work hard.　　(Am. → American)
- **AGR**(Agreement)…一致：代名詞が前の名詞と一致しない、または主語と動詞が一致していない、三人称単数現在には "s" をつける、など。
  （例）　He like cats.　　(like → likes)
  　　　　There are seven books. All is mine.　　(is → are)
- **ANT**(Antecedent)…先行詞：先行詞と関係詞(関係代名詞や関係副詞)が照応していないので、訂正する。
  （例）　I came across a friend of mine in Chicago, which showed me around the city.　　(which → who)
- **ART**(Article)…冠詞：不定冠詞(a, an)と定冠詞(the)の使い方が適切でないので直す。
  （例）　He ate a apple.　　(a → an)
  　　　　She had part-time job.
  　　　　　　　＊冠詞の a を入れて、a part-time job にする。
- **CAP**(Capital)…大文字：最初の文字を大文字(頭文字)に変える。
  （例）　New york　　(york → York)
- **l.c.**(Lower Case)…小文字：大文字から小文字に変える。
  （例）　I like Dogs.　　(Dogs → dogs)

- **D**(Dictionary)…辞書：辞書を引いてチェックする。
  - （例）　Her actions aggravated him.　　(aggravated → irritated)
    - ＊辞書を引いて aggravate は「さらに悪化させる」という意味で使われることを確認する。この場合には "irritate" を使う。
- **DM**(Dangling Modifier)…懸垂修飾句：分詞は文の主語と文法的に結合して用いる。
  - （例）　Having no pressure on them to study, Japanese colleges accept absence, ...

    ↓

    Having no pressure on them to study, Japanese students are permitted to be absent, ...
- **Frag**(Fragment)…文の断片：文が完結していない。単語、句、従属節のみからなっていて、主部と述部をもたない断片的な文をいう。この種の誤りを正すためには、句読点をつけて、その前後にある断片を連結させるとよい。
  - （例）　He worked hard. Because he had to.

    ↓

    He worked hard, because he had to.
- **H**(Handwriting)…手書き：判別しにくい字なので読めるように書く。
- **ID**(Idiom)…慣用語句：英語特有の自然な表現に直す。
  - （例）　Good apartments are shorthanded. (shorthanded → scarce)
    - ＊こういう場合には "shorthanded" という慣用句は使わない。よい例としては、Factories with too few workers are shorthanded.
- **P**(Punctuation)…句読点：句読点（ピリオド(.)、コンマ(,)、セミコロン(;)、コロン(:)など）をきちんとつける。
  - （例）　We ate breakfast early at 11:00 we went skiing.

    ↓

    We ate breakfast early; at 11:00, we went skiing.

＊セミコロン（;）の代わりに and then を入れてもよい。
- **Par**（Paragraph）…段落：新しい段落に分けて改行する。あるいは段落に区切らず、そのまま続けて書く。
- **//ism**（Parallelism）…パラレル：文の諸要素を対等のものにする。
  - （例）　He liked swimming and to dive.
  　　　　　　　　↓
  　　　　He liked swimming and diving.
- **PASS**（Passive Voice）…受け身：受動態を能動態に直す。
  - （例）　A good time was had by all.
  　　　　　　　　↓
  　　　　All had a good time.
- **P of S**（Part of Speech）…品詞：品詞（名詞、形容詞など）の使い方が間違っている。
  - （例）　The bell sounded faint in the distance.　　（faint → faintly）
    ＊形容詞を副詞に直す。
- **Ro**（Run-on Sentence）…連続文：2つの文が1つにつながっている。切り離すか、接続詞を入れてつなぐ。
  - （例）　He tried hard he barely passed.
  　　　　　　　　↓
  　　　　He tried hard. He barely passed.
  　　　　　　　　　　　＊2つの文に切り離す。
  　　　　He tried hard, but he barely passed.
  　　　　　　　　　　　＊接続詞（but）を使ってつなぐ。
- **Sent**（Sentence）…文：文の構造が間違っているので直す。
  - （例）　Having voted without having studied the candidates, which was a bad thing to do.
  　　　　　　　　↓
  　　　　He voted without having studied the candidates, which was a bad thing to do.
- **Sex**（Sexism）…性差別：男女の差別を示す語は避ける。例えば、男女両方をさすときには "he" は使わないで、"they" にする。ま

たは "he or she" なども用いられる。

（例） If the student has questions, he should call this telephone number.

↓

If students have questions, they should call this telephone number.

・**SP**(Spelling)…綴り：単語の綴りが間違っているので、辞書を引いて直す。

（例） He had a lot of freinds. 　（freinds → friends）

・**Syl**(Syllable)…音節：音節の区切り方が間違っているので、辞書を引いて直す。

（例） She refused to coo-perate.

↓

She refused to co-operate.

・**TS**(Tense Shift)…時制：時制が一致していないので直す。

（例） He went to the office and complains about his grade.
　　　（complains → complained）

・**W**(Wordiness)…冗漫：不必要な単語が使われているので除く。

（例） At 8:00 a.m. in the morning the hungry group, who were ready to eat, had breakfast.

↓

At 8:00 a.m. the hungry group had breakfast.

・**W.W.**(Wrong Word)…語の誤り：単語の使い方が不適切なので直す。

（例） American colleges except almost all high school graduates, ... 　（except → accept）

> レポートを提出する前には入念に読み返して、誤りがないかどうかをチェックする。できればネイティブ・スピーカーの友人に提出前の原稿を読んでもらい、修正すべき点を指摘してもらうとよいだろう。

〈訂正記号を使った例〉

The American and Japanese systems of Higher Education are very different. American colleges except almost all high school graduates, whereas not all high school graduates are accepted by japanese universities.

These differing admissions policies cause different grading and promotions policies. Japanese college students knows that they can graduate easily, whereas an American college student knows that he must study very hard in order to earn a degree. Quite different systems.

Having no pressure on them to study in order to graduate, Japanese colleges accept absence, tardiness, and failure to do homework as normal. Am. colleges on the other hand demand that students work hard.

Part 2 ホームステイ・日常生活

1 ホームステイ生活

　海外の一般家庭で生活することは、自然体の生きた英語を身につける絶好のチャンスです。日本人とは異なる物の考え方や生活習慣を実地に体験することもできます。自分の部屋に閉じこもっていないで、できるだけホストファミリーと一緒に過ごすよう心がけてください。客として暮らすのではなく、家族の一員であるという自覚をもって、食事の後片付けなどの家事も手伝うようにしましょう。

【例】 ホームステイ生活スケジュール（英語短期研修）

第1日目	空港到着　空港又は研修地でホストファミリーの出迎えを受ける　ホームステイ宅へ
研修初日	オリエンテーション プレースメントテスト 歓迎パーティ
第3日目 月〜金	午前：研修・授業 午後：行事(市内観光、スポーツイベント、近くの観光地への小旅行、音楽や映画鑑賞など)　自由参加
土・日	終日フリー　ホストファミリーと自由に過ごす (ピクニック、買い物などに行く)
研修終了日	修了証書授与　さよならパーティ
最終日	ホストファミリーに別れを告げて空港へ

■ 初対面の挨拶をする

Key Expressions

> 初対面のあいさつ：It's nice to meet you.／Nice to meet you.
> ＊How do you do? は改まった言い方。

□はじめまして。	It's nice to meet you. Nice to meet you.
□こちらこそ、はじめまして。	It's nice to meet you, too. Nice to meet you, too.
□簡単に ... と呼んでください。	Please call me **Masa** for short.
□私を ... と呼んでいいですよ。	You can call me **Bill**.
□お出迎えありがとうございます。	Thank you for coming to see me.
□ホームステイをお引き受けいただきありがとうございます。	Thank you for having me.
□お会いするのを楽しみにしていました。	I've been looking forward to meeting you.
□海外旅行は今度が初めてです。	This is my first trip out of Japan.

注 ホストファミリーの呼び方は家族ごとに異なる。最初は Mr. や Mrs. を付けて名字で呼ぶのが無難だが、「ファーストネームで呼んでいいよ」と言われたらそれに従う。

Words and Phrases

ホームステイ	homestay
ホームステイ先	homestay accommodation
ホストファミリー	a host family
ホストペアレント	host parents／a host parent
ホストマザー	a host mother
ホストファーザー	a host father
歓迎パーティ	a welcome party
さよならパーティ	a farewell party

ホームステイ生活

対話例

Mr. Hill : Hello! You're Masahiko, aren't you?
Masa : Yes. Mr. Hill? It's nice to meet you. Thank you for coming to meet me.
Mr. Hill : No problem. This is my daughter, Susan.
Masa : Hello, Susan. Nice to meet you.
Susan : Hi, Masahiko.
Masa : Please call me "Masa" for short.
Mr. Hill : OK. You can call me John. How was your flight, Masa?
Masa : Oh, it was great! I really enjoyed it.
Mr. Hill : I'm glad to hear it.

ヒル：やあ、こんにちは。雅彦君だね。
雅彦：はい、ヒルさんですか。はじめまして。出迎えてくださってありがとうございます。
ヒル：どういたしまして。この子は娘のスーザンです。
雅彦：スーザンさん、こんにちは。はじめまして。
スーザン：雅彦君、こんにちは。
雅彦：どうぞ簡単に雅と呼んでください。
ヒル：オーケー。私をジョンと呼んでいいですよ。空の旅はどうでしたか。
雅彦：とっても快適でした！ 楽しかったです。
ヒル：それはよかったね。

■ 家の中を案内してもらう

Key Expressions

感嘆を表す：(It's so) beautiful!
It was really great!
What a nice room!　＊what のあとは名詞。
How interesting!　　＊how のあとは形容詞ま
　　　　　　　　　　　たは副詞。

> 注 一般的に、外国の人は日本人より「ほめ上手」である。感動したら素直に自分の気持ちを表そう。ほめ言葉としては、excellent, wonderful, terrific などの強い表現もよく使われる。

□大きな[美しい]家ですね。	You have a huge [beautiful] home. Your home is huge [beautiful]!
□家の中を案内しましょう。	I'll show you around the house.
□ここは居間です。	This is the living room.
□食堂はここです。	Here's the dining room.
□お手洗いはあそこです。	The bathroom is over there.
□ここはあなたの部屋です。	This is your room.
□すてきな部屋ですね。	What a nice room!
□クロゼットはどこですか。	Where is the closet?

ホームステイ生活

Words and Phrases

1階	the first floor （英）the ground floor
2階	the second floor （英）the first floor
地階	the basement
居間	the living room
	the family room ＊特に、家族が団欒する場所。
食堂	the dining room ＊通例、夕食はここで食べる。
台所	the kitchen ＊簡易テーブルと椅子が置いてあり、朝食はここで食べることが多い。
家事室	the utility room ＊洗濯機や掃除機などが置いてある場所。
寝室	a bedroom
浴室	a bathroom ＊通例、洗面所とトイレつき。
トイレ	a bathroom （英）a toilet ＊（米）では toilet は便器のこと、また公共の場所のトイレは a rest room という。
書斎	the study
たんす	a chest of drawers
クローゼット	a closet

対話例

Mrs. Hill : Welcome to our home, Masa! I'll show you around.
Masa　　: Oh, thank you.
Mrs. Hill : This is the living room, and there's the family room, where we watch television in the evenings.
Masa　　: Wow! The screen is huge!
Mrs. Hill : Let's go upstairs to your room. Now, here you are.
Masa　　: What a nice room! I like it.
Mrs. Hill : I'm glad to hear that. This is your bed, and this is your chest of drawers.
Masa　　: Where is the closet?
Mrs. Hill : Here it is. You can keep your suitcase here, too. Would you like to unpack now?
Masa　　: OK, sure. Thank you.

ヒル：雅君、我が家へようこそ！ ご案内しましょう。
雅彦：ありがとうございます。
ヒル：ここは居間で、そっちは家族がいつもいる場所、夜にはそこでテレビを見るのよ。
雅彦：わあ、大きな画面ですね。
ヒル：2階のあなたの部屋へ行きましょう。さあここですよ。
雅彦：素敵な部屋ですね。うれしい(気に入りました)。
ヒル：それはよかった！ これがあなたのベッドとタンスです。
雅彦：クロゼットはどこですか。
ヒル：ここよ。スーツケースも入れるといいわ。今、荷物をほどきますか。
雅彦：ええ、そうします。ありがとうございます。

ホームステイ生活

■ 受け入れ家庭のルールを訊く

Key Expressions

予定を訊く：What are your plans for . . . ?
What time do you usually . . . ?

注 ホームステイ先の家庭にはそれぞれ独自の決まり事がある。わからないことは遠慮せずに尋ねよう。

□この家のルールを知りたいのですが。	I'd like to ask you about some of your house rules.
□食事の時間を教えてください。	When are meal times?
□朝食はたいてい何時ですか。	What time do you usually eat breakfast?
□門限は何時ですか。	What time is curfew?
□週末はいつもどう過ごしますか。	What do you usually do on weekends? How do you usually spend your weekends?
□明日の予定を教えてください。	What are your plans for tomorrow?
□ゴミはどこへ出したらいいですか。	Where should I put out [leave] the trash?

Words and Phrases

家のルール	house rules
食事の時間	meal times
門限	curfew
シャワーを浴びる	take a shower
風呂に入る	take a bath
洗濯をする	do the washing [laundry]
部屋の掃除をする	clean the room
床に掃除機をかける	vacuum the floor
ゴミを出す	put out [take out／leave] the trash

＊台所の生ゴミは 'garbage' という。

風呂事情：ホームステイ生活でよく問題になるのは風呂の入り方である。シャワーであればさほど問題にならないが、お湯の出しっぱなしと長風呂はトラブルのもと。地域によっては水が豊富ではなく水道料金が高い国もあるし、タンクにお湯を貯めておく家もあるので、一人がお湯を使い過ぎると容量不足で他の家族が使えなくなったりもする。バスルームにはトイレがついているので、他の家族の迷惑にならないよう長風呂には気をつけたい。また、使い終わったら使用中でないことを示すため、バスルームのドアは少し開けておくことが望ましい。

対話例

Masa : Mrs. Hill, may I ask you some questions?
Mrs. Hill : Sure. Go ahead.
Masa : I'd like to ask you about some of your house rules. When are meal times?
Mrs. Hill : We usually have breakfast at six, and dinner at seven.
Masa : What time is curfew?
Mrs. Hill : It's 10:00 P.M. on weekdays and 11:00 P.M. on weekends, but if you are going to miss your dinner, be sure to let me know.
Masa : Sure, I will. I usually take a shower, but once a week I'd like to take a bath. Is that all right?
Mrs. Hill : Certainly. You can take a bath anytime. If you have any questions, don't hesitate to let me know.
Masa : OK. Thank you.

雅彦:ヒルさん、質問してもいいですか。
ヒル:ええ、どうぞ。
雅彦:この家のルールを知りたいのですが。食事の時間を教えてください。
ヒル:朝食はたいてい6時で、夕食は7時です。
雅彦:門限は何時ですか。
ヒル:平日は10時で、週末は11時です。夕食を食べないときには必ず連絡してくださいね。
雅彦:はい、そうします。いつもはシャワーですが、週に一度はお風呂に入りたいのですが、いいですか。
ヒル:もちろん、けっこうよ。いつでもどうぞ。何か質問があれば、遠慮しないで訊いてくださいね。
雅彦:はい、ありがとうございます。

■ 食卓での会話を楽しむ

Key Expressions

好き・嫌いを表す	: I like . . . very much.
	I love . . . . ＊特に女性がよく使う。
	What I like best is . . . .
	My favorite . . . is . . . .
	I really enjoy . . . .
	I don't like . . . .
	I don't care for . . . .
食べ物を勧められて	: Yes, please./Thank you.
	No, thank you. I'm full.

□ホットドッグが好きです。	I like hot dogs.
□チョコレートが大好きです。	I like chocolate very much.
	I love chocolate.
□一番好きなのはパスタです。	What I like best is pasta.
□レバーは嫌いです。	I don't like liver.
□牡蠣(カキ)は苦手です。	I don't care for oysters.
□私の好きな料理は中華です。	My favorite dishes are Chinese.
□サラダをもう少しいかが。	Would you like some more salad?
□ええ、いただきます。	Yes, please./Thank you.
□いいえ、おなかがいっぱいです。	No, thank you. I'm full.
□お塩を取ってください。	Please pass me the salt.
	Can I have the salt?

ホームステイ生活

- □ パンをもう少しいただけますか。　May [Could／Can] I have some more bread?
- □ これはとてもおいしいです。　This is very delicious [excellent]!
- □ このドレッシングはとても味がいいですね。　This dressing is very tasty.

Words and Phrases	
食事	a meal
食べ物	food
デザート	dessert
お腹がすいている	be hungry
喉が渇いている	be thirsty
夕食のしたくをする	fix dinner／prepare dinner
食事を出す	serve
食事の後片付けをする	clean the table／take the dishes from the table
皿を洗う	do the dishes／wash the dishes
後片付けを手伝う	help with the dishes

対話例

Mrs. Hill : Would you like something to drink, Masa?
Masa : Yes, I'd like a glass of water. Mmm, this pasta is delicious! I love pasta.
Mrs. Hill : Oh, I'm glad you like it. Would you like some more salad?
Masa : No, thank you. I'm full.
Mrs. Hill : What are your favorite dishes, Masa?
Masa : What I like best is curry and rice, and I like hamburgers, too.
Mrs. Hill : Is there anything you don't like?
Masa : No, not particularly.
Mrs. Hill : Are you allergic to any food?
Masa : No, I'm not.
Mrs. Hill : Good!

ヒル：雅君、飲み物はいかが。
雅彦：水をいただきます。このパスタはとっても美味しい！ パスタは大好きなんです。
ヒル：気に入ってくれてよかった。サラダをもう少しいかが。
雅彦：いいえ、けっこうです。おなかがいっぱいです。
ヒル：雅君の好きな料理は何ですか。
雅彦：いちばん好きなのはカレーライス、それにハンバーグも好きです。
ヒル：嫌いなものがありますか。
雅彦：特にありません。
ヒル：食べ物にアレルギーがありますか。
雅彦：いいえ、ありません。
ヒル：それはよかった。

■ 家族について話す

Key Expressions

人数	: There are . . . people in my family.
きょうだい	: I have . . . brother[sister](s).
親の職業	: My mother works for . . . .
	My father is a . . . .

☐ うちは4人家族です。両親、兄、それに私です。　There are four people in my family: my parents, a brother, and me.

☐ 兄と妹がいます。　I have a brother and a sister.

　注 英語ではふつう兄弟・姉妹のような上下の区別をつけない。必要な場合には、'older' や 'younger' を付ける。

☐ 私は一人っ子です。　I'm an only child.

☐ これは家族の写真です。　This is a picture [photo] of my family.

☐ 父は会社員です。　My father is an office worker.

☐ 父は商社に勤めています。　My father works for a trading company.

　注 英語では具体的な職種や会社名を言うことが多い。

☐ 母は医者です。　My mother is a medical doctor.

☐ 猫を2匹飼っています。　We have two cats.

写真は会話の潤滑油になる。日本の家族の写真や日本独特の風物の写真(神社にお参りに行ったときのものなど)を何枚か持ってゆき、それを見せると話題が増えるだろう。外国の人は家族の写真を財布に入れて持ち歩いたり、家や職場では額に入れて壁にかけたり、机や棚の上に飾っていることが多い。ホストファミリーの家族の写真についても尋ねると親しみが増し、会話が盛り上がるだろう。

対話例

Mrs. Hill : Tell me about your family. Do you have any brothers or sisters?
Masa : Yes, I have a sister. She goes to junior high school.
Mrs. Hill : Do you have a picture of your family?
Masa : Yes, here it is. That's my sister on the left, Yumi.
Mrs. Hill : She's very pretty. What do your parents do?
Masa : My father works for a bank, and my mother is an elementary school teacher.
Mrs. Hill : What a big dog! What kind of dog is it?
Masa : It's a Labrador Retriever. Her name is "Kuro," which means "black" in Japanese. She's jet black all over. She's a member of the family.
Mrs. Hill : What a nice family!
Masa : Thank you.

ヒル：家族について話してください。きょうだいがいますか。
雅彦：ええ、妹がいます。中学生です。
ヒル：ご家族の写真を持っていますか。
雅彦：ええ、これです。左側にいるのが妹の裕美です。
ヒル：とても可愛いわね。ご両親はどんなお仕事をしているのですか。
雅彦：父は銀行員で、母は小学校の教師です。
ヒル：まあ、大きな犬だこと！ どんな種類の犬ですか。
雅彦：ラブラドールレトリバーで、名前は「クロ」で、日本語でいうと「黒」という意味です。体中真っ黒なんですよ。家族の一員なんです。
ヒル：素敵なご家族ですね。
雅彦：ありがとうございます。

■ 日本文化について話す

Key Expressions

話はじめのとき：	Let me tell you about . . . .
	Let me talk about . . . .
	I'm going to talk about . . . .
	What I'm going to talk about is . . . .
実演するとき　：	Let me give you an example of . . . .
	I'll show you how to . . . .

☐ 日本の漫画についてお話しましょう。 — Let me tell you about manga, Japanese comics.

☐ 今日は日本の宗教についてお話します。 — Today I'm going to talk about religion in Japan.

☐ 折り紙の実例をお見せしましょう。 — Let me give you an example of paper folding.

☐ 兜 (かぶと) の作り方をお見せします。 — I'm going to show you how to make a helmet.

☐ 日本では新学期は4月に始まります。 — The new school term starts in April in Japan.

> 海外の学校は9月から新学期が始まる。入学時期は一律ではないが、ほとんど9月と1月の2回。大学によっては時期が異なることもあるので、入学案内を事前によくチェックしておきたい。

☐ 6歳から15歳まで義務教育です。 — Education is compulsory from 6 to 15.

☐大学の入試はたいへん難しいですが、卒業するのは楽です。	College entrance examinations are very hard, but students can graduate fairly easily.
☐日本の人口はおよそ1億3000万人です。	The population of Japan is about 130 million.
☐日本の全人口の約 10% が東京に住んでいます。	About 10 percent of the entire population of Japan lives in Tokyo.
☐日本では地震が多いんです。	We have a lot of earthquakes in Japan.
☐6月から7月中旬にかけて梅雨があります。	We have a rainy season from June to mid-July.
☐日本で一番人気のあるスポーツのひとつは野球です。	One of the most popular sports in Japan is baseball.

> アメリカでは、バスケットボール、フットボール、野球が人気のあるスポーツだが、入場料を払って試合を観戦するという点からいえば、バスケットボールが No. 1。

☐すもうは日本の国技です。	*Sumo* wrestling is the national sport of Japan.
☐能と歌舞伎は日本の古典演劇です。	*No* and *kabuki* plays are classical dramas of Japan.
☐日本の女の人が着物を着るのは、たいてい結婚式とかお正月などの儀式のときです。	Japanese women usually wear kimonos on ceremonial occasions like wedding ceremonies and New Year's Day.
☐日本では車は左側通行です。	Traffic is on the left side of the road in Japan.

ホームステイ生活

☐天皇は日本国民の象徴ですが、政治上の権限はもっていません。 The Emperor is the symbol of the Japanese people, but the has no political power.

注 留学していると、日本の事物について訊かれたり、話したりする機会が多い。自分は日本の親善大使であることを忘れないように。

Words and Phrases

＊日本の事物は地域によってなじみが薄いものもある。一般的によく知られていない語はイタリックにしてある。

日本語
- 漢字　　　*kanji*, a Chinese character
- 平仮名　　*hiragana*, a letter developed in Japan
- 片仮名　　*katakana*, a letter developed in Japan
- ローマ字　*Romaji*, a Romanized letter

食べ物
- 日本料理　Japanese food, Japanese cooking
- 寿司　　　sushi
- すきやき　sukiyaki
- てんぷら　tempura
- 豆腐　　　tofu, soybean curd
- 醤油　　　soy sauce
- みそ汁　　*miso* soup, soybean-paste soup
- 酒　　　　sake, Japanese rice wine
- 箸　　　　chopsticks

スポーツ・伝統芸術
- すもう　　sumo wrestling
- 柔道　　　judo
- 空手　　　karate
- 歌舞伎　　kabuki, a traditional Japanese play
- 生け花　　flower arrangement
- 茶道　　　tea ceremony
- 書道　　　calligraphy
- 俳句　　　a haiku, a short Japanese poem

宗教
- 神道　　　Shinto
- 仏教　　　Buddhism

ホームステイ生活

神社	a shrine
寺	a temple

その他
漫画	manga, Japanese comics

対話例

Mrs. Hill : How was school today, Masa?
Masa : Oh, we had a good time!
Mrs. Hill : What special things did you do?
Masa : We talked about art in different cultures.
Mrs. Hill : Well now, what did you yourself talk about?
Masa : I talked about 'origami.'
Mrs. Hill : What is it? Tell me about it.
Masa : It's the traditional Japanese art of paper folding. We make birds, flowers, or animals without using glue or scissors.
Mrs. Hill : How interesting!
Masa : In the class, I gave a demonstration on how to fold cranes.
Mrs. Hill : Really? Can you show me how?
Masa : Certainly.

ヒル：雅君、今日学校はどうだった？
雅彦：楽しかったです！
ヒル：特にどんなことをしたの？
雅彦：いろいろな国の文化について話し合ったんです。
ヒル：それで、あなた自身は何について話したのですか。
雅彦：折り紙のことを話しました。
ヒル：それは何なの。教えてちょうだい。
雅彦：紙を折る伝統的な日本の芸術です。糊やはさみを使わないで、鳥・花・動物の形を作るのです。
ヒル：まあ、おもしろそう！
雅彦：クラスでは鶴を折る実演をしたんですよ。
ヒル：本当？ やって見せてちょうだい。
雅彦：ええ、いいですよ。

■ とっさのひと言――すぐに役立つ表現
① 感謝する

□ありがとう。	Thanks.／Thank you.／Thank you very much. 注 この順に丁寧になる。
□助かりました。	Thank you very much for your help.
□ご親切にありがとう。	It was very nice [kind] of you. That was very kind of you.
□とにかく、ありがとう。	Thanks anyway. 注 好意を受けられなかった場合
□どういたしまして。	You're welcome.／My pleasure. Anytime.／No problem.

② 謝罪する

□ごめんなさい。	I'm sorry.
□本当にごめんなさい。	I'm awfully sorry.
□遅れてごめんなさい。	I'm sorry I'm late.
□待たせてごめんなさい。	I'm sorry to have kept you waiting.
□どういたしまして。	That's quite all right.

③ 依頼する

□お願いがあるのですが。	Could [Can] you do me a favor?
□教授にEメールを書いたので、英語を見ていただけますか。	I wrote an e-mail message to my professor. Could you help me with my English?
□食器洗い機の使い方を教えていただけませんか。	Could you show [tell] me how to use the dishwasher?

④ 許可を求める

□電話を借りてもいいですか。	May [Could／Can] I use the telephone?
□ドライヤーを借りてもいいですか。	May [Could／Can] I borrow your dryer?
□今夜、友人と外食してもいいですか。	Is it OK if I eat out with my friends tonight?

⑤ 贈り物を手渡す

□これはプレゼントです。	This is for you.
□これは日本からのおみやげです。	I have something for you from Japan. This is a present for you from Japan.
□これは日本の...です。	Here's a Japanese *furoshiki* for you. It's a wrapping cloth.

⑥ 途中で席をはずす

□失礼します。	Excuse me.
□急いで行かなくてはなりません。	I've got to run. I have to run.

⑦ 手伝いを申し出る

□手伝いましょう。	Let me help you.
□お手伝いすることはありませんか。	Is there anything I can do for you?
□お皿洗いを手伝いましょうか。	Shall I help you with the dishes? Do you want me to help you do the dishes?

ホームステイ生活

⑧ 願望を述べる

- □ お水をもう一杯飲みたいのですが。 I'd like (to have) another glass of water.
- □ 郵便局に行きたいのです。 I'd like to go to the post office.
- □ コンピュータでインターネットにアクセスしたいのですが。 I'd like to use a computer to access the Internet.

  注 「...したい」ことを表すには、'I want (to)' より 'I'd like (to)' のほうが控えめで丁寧な印象を与える。

⑨ 気持ちを伝える (How do you feel? と訊かれて)

- □ わくわくしています。 I'm excited.
- □ 感動しました。 I'm moved [impressed].
- □ とてもうれしい。 I'm so happy [glad]!
- □ 少し怖いです。 I'm a little scared.
- □ 心配しています。 I'm worried.
- □ 少し緊張しています。 I'm a little nervous.
- □ 落ち込んでいます。 I'm depressed.

⑩ 誘う・招待する

- □ ボウリングに行きませんか。 Let's go bowling.
  Shall we go bowling?
  Ans. Yes, let's. ／ OK.
  That's great!

  注 "Let's ...." は一般に親しい間柄の人を誘うときに使う。

- □ 買い物に行きませんか。 How about [What about] going shopping?
  Ans. All right.
  That's a good idea!

□今週末に、ピクニックに行くけど、一緒に行きませんか。	We're going on a picnic this weekend. Would you like to join us? **Ans.** Thank you. I'd be glad [happy] to.
□明日の夜、パーティがあるので、来ませんか。	We're having a party tomorrow night. Would you like to come and join us? **Ans.** Yes, I would. Thank you for inviting me. Thank you for the invitation.

(**招待を断るとき**) ＊断るときにはその理由を具体的に述べる。「忙しいから」という断り方は理由としては具体性に欠ける。

□行きたいけれど、今晩はレポートを書かなければなりません。	I'd like to, but I have to write a paper tonight.
□ごめんなさい、日本の友人と約束があるんです。	I'm sorry, but I have an appointment with my Japanese friends.
□誘ってくれてありがとうございます。残念ですがうかがえません。ホストファミリーと映画を見に行くので。	Thank you for asking me, but I'm afraid [I'm sorry] I can't come, because I'm going to the movies with my host family.

⑪ 体調不良を訴える

□おなかがすごく痛みます。	I have a severe stomachache.
□医者に診てもらいたいのですが。	I'd like to see a doctor.

＊「体の不調を訴える」p. 161 参照

⑫　困った実情を訴える

□今、困っています。どうしよう。	I have a problem. What shall I do?
□どうしてよいか困っています。	I'm at a loss (about) what to do.
□ホストファミリーとの間に問題があります。	I have a problem with my host family.
□コーディネーターに連絡していただけませんか。	Could you please call the homestay coordinator?

> ホームステイ生活がすべてバラ色であるとは限らない。困ることがあれば、一人で悩んだり、我慢しないで率直にその旨を伝えるとよいだろう。ステイ先に問題がある場合には、ホームステイコーディネーターに相談してほしい。話し合いで解決することもあるし、時にはホストファミリーを変更してもらうことも可能である。

⑬　別れの挨拶をする

□さようなら。	Good-bye. ／Bye！
□じゃあ、またあとで。	See you later.
□またあした〔来週の月曜日に〕。	See you tomorrow [next Monday].
□お元気でね。	Take care.
□お休みなさい。	Good night!
□よい週末を。	Have a nice weekend!
□お会いできてうれしかったです。	It was nice seeing you. 注 改まった言い方

(帰国の前に)

□こちらにホームステイができてとても楽しかったです。	I really enjoyed staying with you.

□いろいろお世話になりありがとうございました。	Thank you very much for everything you have done for me.
□食事がおいしかったです。	I enjoyed your cooking. It was delicious.
□またお会いしましょう。	I hope I'll see you again.
□(お会いできなくなるので)寂しいです。	I'll miss you.

ホームステイ生活

2 日常生活

学生生活の中で大きな比重を占める衣食住、とりわけどこに住むかを決めるのは大問題です。キャンパス周辺ですぐ使える表現を覚えてください。間違いを恐れず気軽に話しかけると、行動半径が広がって、学生生活がより快適になるでしょう。

■ 寮・アパートに住む

＊ホームステイは p. 115 参照

Key Expressions

アパート生活	I'm renting an apartment.
自宅通学	I live with my parents.
寮生活	I live in the dormitory.
通学（徒歩）	I walk to school.
（自転車）	I come to school by bike.
（バス）	I take ....
（電車）	I take ....

注 bike は一般に自転車を指す。
オートバイは motorcycle または motorbike という。

□私は、大学の近くにアパートを借りています。　　I'm renting an apartment near my university.

□大学まで徒歩で... 分です。	It's a **10**-minute walk to the university.
□寮に入っています。	I live in the dormitory.
□アメリカ人の学生と一緒です。	I room [share a room] with an American student.
□1人部屋です。	I live in a single room.
□あなたはどちらにお住まいですか。	Where do you live?
□ワンルームマンションを探しているんですが。	I'd like to rent an efficiency.
□家賃はいくらですか。	How much is the rent?
□そのアパートはバス付きですか。	Does the apartment have a bath?
□アパートを見せてもらえますか。	Could I see the apartment?
□大学までバスで... 分くらいかかります。	It takes me about **15** minutes by bus to get to the university.
□大学へは... 線と... 線を使います。	I take **the Chuo Line** and **the Keiyo Line** to the university.
□... 駅で乗り換えます。	I change trains at **Tokyo** Station.

注 上の2例は日本でよく使う表現。

海外の公共輸送機関は日本のように完備されていないことが多いため、都会でもなければ、電車通学する学生はほとんどいない。皆、寮に住むか、キャンパス近くのアパートに住む。学生数の多い大学では、キャンパス周辺を回る循環バスを運行させて、学生の便宜を図っている。

Words and Phrases

寮	a dormitory／a dorm
1人部屋	a single (room)
2人部屋	a twin(-bed room)
ルームメイト	a roommate
寮監	a superintendent
門限	curfew
アパート	
（1世帯の）	an apartment
（建物全体の）	an apartment house
3部屋のアパート	a three-room apartment
ワンルームマンション	an efficiency*／a studio apartment

＊バス・簡易キッチン付き1部屋のアパート。

家具付きアパート	a furnished apartment
家具なしアパート	an unfurnished apartment
6畳間	a six-mat room
和室	a Japanese-style room
洋室	a Western-style room
借りる（アパートを）	rent
管理人	a manager／a superintendent
家賃	rent
権利金（保証金）	key money
敷金（手付け金）	deposit
下宿	
（賄い付きの）	a boarding house
（部屋のみの）	a rooming house
自宅通学	living at home and commuting to school
ホームステイ	homestay
ホストファミリー	a host family
仕送り	monthly allowance
学生割引	a student discount

日常生活

1　学生生活の中で大きな影響を及ぼす寮生活。皆が寮に入るわけではないが、自立した学生生活を十分にエンジョイするため、自宅が同じ町にあっても、寮に入ったり、アパートを借りて友人と共同生活する例が多い。どこの大学でも寮が完備しており、1人部屋もあるが、たいていは2〜4人が共同生活をする。男子学生と女子学生が同じ寮に、あるいは同じ階で隣り合わせに住むこともありうる。

2　住む所を探すには、大学の住宅を斡旋（あっせん）する課(Housing Office)に問い合わせてもよいし、留学生会館でも紹介してくれる。大学には主として学部学生用の寮のほかに、夫婦や子供のいる大学院学生用のアパートもあって、格安の家賃で貸してくれる。英語に慣れれば、大学新聞の "Apartment for Rent" 欄で情報を得て電話してもよいだろうし、大学内の建物の掲示板などにもルームメートを求むビラが貼ってあるので、それを利用してもよい。ただし、ルームメートのよしあしで学生生活が楽しくもなり、つらくもなるので、アパート選びは慎重にしたい。

■ 学生食堂やカフェテリアで簡単な食事をする

Key Expressions

I'd like . . . .
I'll have . . . , please.
. . . , please.

□ホットドッグを2つとフレンチフライ、それにアイスティーをください。	I'd like two hot dogs, French fries, and an iced tea.
□小さいコーラをください。	One small coke, please.
□あれをお願いします。	I'll have that one, please.
□これとこれとこれをください。	I'll have this and this and this.

英語に慣れないと、料理の名前は聞き取りにくいし、発音しにくい。カフェテリアなどでは、食べたい物をさして、this, that などと言いながら注文すれば何かにはありつけるだろう。

□あれと同じものを私にもください。	Can you give me the same order as that, please?
□温めてもらえますか。	Can you warm it up?
□すみませんが、メニューを見せてください。	Excuse me. Can I see the menu, please?
□お勧めの品は何ですか。	What do you recommend?
□この席は空いていますか。	Is this seat taken?
□お勘定をお願いします。	Check, please.
□勘定は別々にしてください。	We'd like separate checks, please.
□クレジットカードで払っていいですか。	Do you accept a credit card?
□サービス料込みですか。	Is the service charge included?

Large or small?:コーラなど飲み物のコップのサイズを尋ねる言い方。

Anything else?:ほかに何かいりませんか。

For here or to go?:店で食べるか、持ち帰るか。Eat here or take out [take away]? とも言う。

Words and Phrases

注文する	order
伝票	a check
チップ	a tip／a gratuity
レストラン	a restaurant
自動販売機	a vending machine
今日のお勧め料理	today's special
サービス料	service charge
領収書	a receipt
カフェテリア	a cafeteria

> 高級レストランは予約が必要。勘定は、請求金額の10〜15％ぐらいのチップを加えて払う。チップはサービスを受けたあと、感謝の気持ちとして差し出すもの。学生の場合はあまり気にしなくてもよい。レストランのほか、美容院・理容院などで、またタクシーに乗ったあとで、請求金額の10％くらいを手渡す。国や地域によっては不要なこともある。現地の学生達がどうしているかを見て、同じようにするとよいだろう。

■ 買い物をする

Key Expressions

I'm looking for . . . .
How much is this . . . ?
I'll take it.

□いらっしゃいませ。(店員)　　Can I help you?

□ええ。私に合うサイズの... をさがしているんです。　　Yes, please. I'm looking for **jeans** in my size.

□いいえ、ただ見ているだけなんです。	No, thank you. I'm just looking.
□ . . . を置いていますか。	Do you have **any CDs**?
□この . . . はいくらですか。	How much is this **shirt**?
□30ドル、それに税金が1ドル20セントです。（店員）	It's $30, plus $1.20 tax.
□別のを見せてください。	Can you show me another one?
□もう少し大きい[小さい]のを見せてください。	Can you show me a little bigger [smaller] one?
□(それを)ください。	I'll take it.
□トラベラーズ・チェックでいいですか。	Can I pay with traveler's checks?
□クレジットカードで払っていいですか。	Do you accept a credit card?
□ほかに何かありますか。（店員）	Anything else?
□いいえ、それだけです。ありがとう。	No, that's all. Thanks.
□この . . . を試着させてください。	I'd like to try on this **coat**.
□ええ、どうぞ。試着室はあちらです。（店員）	Sure. Go ahead. The fitting room is over there.
□サイズを測っていただけませんか。	Would you take my measurements?
□これは少し大き[小さ、長、短]すぎます。	This is a little too big [small／longcshort].

注 ゆるいのは loose, きついのは tight.

日常生活

149

☐これは洗濯機で洗えますか。　　Is this machine washable?

☐寸法を直していただけますか。　Can you do alterations?

☐これでけっこうです。　　　　　This is fine.

☐残念ですが、欲しいものではないんです。　Sorry, but it's not exactly what I want.

☐またの機会にします。ありがとう。　Well, I think I'll come again. Thank you just the same.

Words and Phrases

値段	price
税金	tax
おつり	change
領収書	a receipt
店員	a salesclerk
レジ係	a cashier
包装する	wrap
贈り物用に包装する	gift-wrap
免税店	a tax-free shop
みやげ物店	a souvenir shop
ショッピングセンター	a shopping mall
スーパー	a supermarket
デパート	a department store
ドラッグストア	a drugstore
＊薬と化粧品・雑誌などの日用品を売っている。	
本屋	a bookstore
大学の生協	a (university) co-op

衣類や靴の値段、品質や店員のサービスは国によってまちまちである。サイズが合わないことがあるので、試着してよく確かめてから買わないと失敗することがある。

道を尋ねる

Key Expressions

Excuse me, (but) could you tell me the way to . . . ?
Excuse me, (but) where's the nearest . . . ?

- すみませんが、...へ行く道を教えてください。
  Excuse me, but could you tell me the way to **the post office**?
  まっすぐ3ブロック行ったら、左へ曲がりなさい。そうすれば右手にありますよ。
  Ans. Go straight for three blocks, turn left, and you'll find it on your right.

- すみませんが、いちばん近い...はどこですか。
  Excuse me, but where's the nearest **bank**?

- ここに地図をかいていただけませんか。
  Would you draw me a map here?

- この近くに...はありませんか。
  Is there any **rest room** around here?

- ...までどのくらいありますか。
  (距離) How far is **the airport** from here?
  (時間) How long will it take me to get to **the airport**?

Words and Phrases

まっすぐ ... ブロック行く	go straight for ... blocks
右[左]に曲がる	turn right [left]
右[左]手に	on your right [left]
歩いて 15 分	a 15-minute walk
歩いて 300 メートル	a 300-meter walk
交通信号	traffic lights
交差点で	at a crossing [at an intersection]

慣れないうちは道順を英語で説明されてもわかりにくい。そういうときには、紙と鉛筆を出して、"Would you draw me a map here?" と頼んでみよう。

■ 日時・場所の約束をする

Key Expressions

When's a good day?
What time shall I come?
Where shall we meet?

□いつがいいですか。
　次の日曜日なら、いつでもいいですよ。

When's a good day?
Ans. You can visit me anytime next Sunday.

□来週いつかおうかがいしてもよろしいでしょうか。

Could I visit you [come over] sometime next week?

　　　　（都合がいいとき）　**Ans.** Of course. How about Tuesday?

　　　　（都合が悪いとき）　**Ans.** I'm sorry. I have to go to Chicago next week.

☐明日は、お暇ですか。	Are you free [Will you be free] tomorrow?
（暇なとき）	**Ans.** I'll be free after 11:00.
（暇でないとき）	**Ans.** I'm sorry. Tomorrow is a bad day.
☐何時におうかがいしたらいいですか。	What time shall I come?
	Ans. Would 2:00 be convenient?
☐3時ではいかがですか。	Would 3 o'clock be all right with you?
	Ans. Perfect.
☐集まる場所はどこですか。	Where shall we meet?
	Ans. How about at my house?
☐次回の会合の日時を決めておきましょう。	Let's fix the date and time for the next meeting.
	Ans. I suggest a week from now at this same day, time, and place.
☐今日のスケジュールは詰まっています。	My schedule today is really tight.

Words and Phrases

約束（時間や場所を決めて会う約束）	an appointment
... と約束する	make an appointment with ...
... に約束する	make an appointment for [at, on] ...
約束を守る	keep one's word [appointment]
約束を破る	break one's word [appointment]
先約がある	have a previous appointment
約束したうえで	by appointment
ご都合がよろしければ	if it's convenient for you

日常生活

■ ハガキ・手紙を出す

＊Eメールは p.169 参照

Key Expressions

I'd like to send this . . . to Japan.
How much will it be?

□このハガキを日本に出したいのですが。	I'd like to send this card to Japan.
□送料はいくらですか。(航空便で)	How much will it be by air? What's the postage for this?
□94セントの切手を...枚ください。	**Ten** 94 cent stamps, please.

Words and Phrases

はがき	a postcard
手紙	a letter
郵便切手	a stamp
航空書簡	an aerogram
投函する	mail
航空便	air mail
普通郵便	surface mail
郵便番号	zip code
郵便ポスト	a mailbox
郵便集配人	a letter carrier

＊ ユーモラスに、Eメールに対して従来の手紙のことを a snail mail(カタツムリ郵便)と言うことがある。

mail sack：本などをいくつかの小包にして日本に送る場合、大きな郵便袋に入れてひとまとめにして送ると、小包を1個ずつ送るよりもはるかに格安になる。国によってはそのサービスがあるので、詳細は最寄りの郵便局に問い合わせるとよい。

写真を撮る・現像する

Key Expressions

Can I take a picture here?
I'd like to have this film developed and printed.

□ここで写真を撮ってもいいですか。	Can I take a picture here?
□あなたのお写真を撮ってもいいですか。	Could I take your picture?
□写真を撮っていただけませんか。	Could you take my picture?
□一緒に入っていただけませんか。	Could you get in the picture with us?
□このフィルムを現像、焼き付けしてください。	I'd like to have this film developed and printed.
□2枚ずつ焼いてください。	I'd like two prints of each.

Words and Phrases

写真屋	a photo shop
カメラ屋	a camera shop
現像する	develop
焼き付ける	print
焼き増しする	copy
引き伸ばす	enlarge

日常生活

■ 電話をかける

Key Expressions

Hello, is . . . there?　　＊くだけた言い方。
Ans. Speaking.
Hello, could I speak to . . . , please?
Ans. Just a minute [moment], please.

☐ 明日の夜電話をください。
Call me tomorrow night.
Ans. O.K.

☐ 私の電話番号は045–786–2798 です。
My (tele)phone number is 045–786–2798.

　　注 電話番号は数字を1字ずつ区切って読む。
　　o-four-five, seven-eight . . .
　　0はアルファベットのO [óu] または zero [zí:rou] と発音する。

☐ 電話番号は何番ですか。
What's your phone number?
注 くだけた言い方
Can I have your phone number?

☐ 電話をお借りできますか。
Can I use the phone?

☐ 電話のかけ方を教えてください。
Could you tell me how to use this phone?

☐ もしもし、ナンシーさんはいますか。
Hello, is Nancy there?
Hello, could I speak to Nancy, please?

はい、ナンシーです。
Ans. Speaking.

　　注 ふつう、電話を受けた方が先に Hello と言う。

☐ (こちらは) . . . です。
This is **Koji**.
注 電話では、最初に自分のことを名乗るときには、I'm

.... ではなくて、This is .... と言う。

□少々お待ちください。	Just a minute, please. Hold on, please.
□何時ごろお帰りですか。	What time will he [she] get home?
□伝言をお願いしたいのですが。	Could I leave a message?
□何か伝言がありますか。	Would you like to leave a message?
いいえ、けっこうです。またあとでかけます。	**Ans.** No, thank you. I'll call him [her] later.
□そろそろ(電話を)切らなくては。	Well, I guess I should hang up now.
□お電話ありがとう。さようなら。	Thank you for calling. Good-bye.
□日本へ国際電話をかけたいのですが。	An International [Overseas] call to Japan, please.
□...さんへ国際電話をお願いします。 番号は...です。	I'd like to make an international call to **Mr. Osamu Sato**, please. The phone number is Osaka 068–54–8700.

＊時差については p. 201 参照

日常生活

Words and Phrases

電話をかける	call
もしもし	hello
こちらは... (電話で)	This is ....
そちらは	Is this ...?
交換手	an operator
携帯電話	a cell phone／a mobile phone
公衆電話	a public [pay] phone
電話帳	the (tele)phone book [directory]
職業別	yellow pages
国際電話	an international call
	an overseas call
市内電話	a local call
市外[長距離]電話	a long-distance call
コレクトコール	a collect call
...をかける	make **a collect** call
番号通話	a station-to-station call
＊ 電話にだれが出てもいい場合。	
指名通話	a person-to-person call
＊ 話したい相手を指定する場合。	
間違い電話	the wrong number
お話し中	The line is busy.

■ 乗り物に乗る

Key Expressions

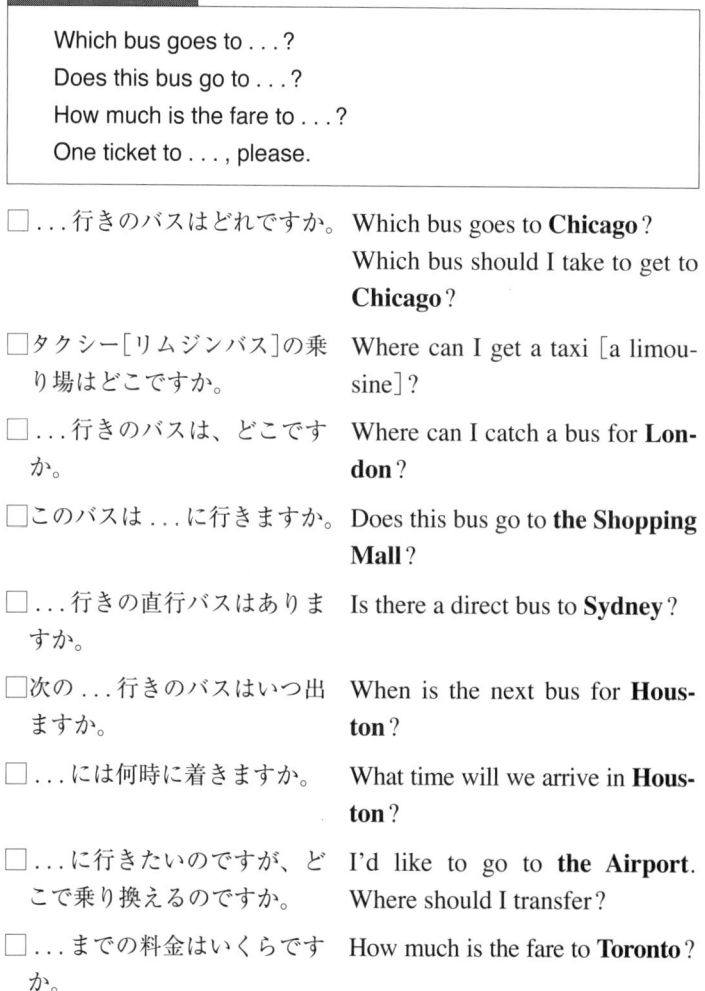

> Which bus goes to . . . ?
> Does this bus go to . . . ?
> How much is the fare to . . . ?
> One ticket to . . . , please.

□ ...行きのバスはどれですか。	Which bus goes to **Chicago**? Which bus should I take to get to **Chicago**?
□ タクシー［リムジンバス］の乗り場はどこですか。	Where can I get a taxi [a limousine]?
□ ...行きのバスは、どこですか。	Where can I catch a bus for **London**?
□ このバスは...に行きますか。	Does this bus go to **the Shopping Mall**?
□ ...行きの直行バスはありますか。	Is there a direct bus to **Sydney**?
□ 次の...行きのバスはいつ出ますか。	When is the next bus for **Houston**?
□ ...には何時に着きますか。	What time will we arrive in **Houston**?
□ ...に行きたいのですが、どこで乗り換えるのですか。	I'd like to go to **the Airport**. Where should I transfer?
□ ...までの料金はいくらですか。	How much is the fare to **Toronto**?

日常生活

☐ ...までの片道切符を2枚ください。	Two one-way tickets to **Oxford**, please.
☐ バスの時刻表をください。	I'd like to have a bus schedule.
☐ すみませんが、この席は空いていますか。	Excuse me, (but) is this seat taken?
☐ ...月...日の...行きの便を予約したいのですが。	I'd like to make a reservation for a flight to **Los Angeles** on **August 27th**.
☐ 出発[到着]時刻を教えてください。	Could you tell me the departure [arrival] time?
☐ 予約を再確認したいのですが。9月1日 JAL 3 便 東京行き。名前は...です。	I'd like to reconfirm my reservation. The flight number is JAL 3 for Tokyo on September 1st. My name is **Yutaka Tanaka**.

Words and Phrases

...で行く	take
車で行く	drive
飛行機で行く	fly
乗る	get on
降りる	get off
運賃	the fare
乗り換える	transfer, change
(バスの)乗り換え切符	a transfer (ticket)
(飛行機の)乗り継ぎ便	a connecting flight
乗り継ぎ切符	a transit pass
リムジンバス	a limousine／a limo
地下鉄	a subway

■ 体の不調を訴える

Key Expressions

I feel . . . .
I have a . . . ache.
I have a pain in my . . . .

□気分が悪い。	I'm not feeling well.／I feel sick.
□頭が痛い。	I have a headache.
□のどが痛い。	I have a sore throat.
□寒気がする。	I have chills.／I feel cold.
□熱がある。	I have fever.
□風邪をひいた。	I caught a cold.
□おなかが痛い。	I have a stomachache.
□下痢をしている。	I have diarrhea.
□吐き気がする。	I feel nauseous. I think I'm going to throw up.
□歯が痛い。	I have a toothache.
□食欲がない。	I have no appetite.
□よく眠れない。	I can't sleep well.
□気分がめいる。	I feel depressed.
□医者に診てもらいたい。	I'd like to see a doctor.
□病院へ連れて行ってください。	Could you take me to the hospital?
□救急車をお願いします。	Call an ambulance, please.
□だいぶ[少し]よくなりました。	I'm feeling much [a little] better.

Words and Phrases

痛い	I have a pain in ....
	It hurts*.

  * 外部から与えられた痛みをさすことが多い。

医師	a doctor
看護師	a nurse
ヘルスセンター	the health center
メディカルセンター	the medical center
病院	a hospital

  * 主治医の紹介がないと診てくれない国も多い。まず大学のヘルスセンターなどで診てもらい、必要なら紹介状をもらうとよい。

救急救命室	an emergency room (ER)
救急車	an ambulance
薬局	a pharmacy
	a drugstore

  * 薬ばかりでなく、化粧品、雑誌などの雑貨類も販売している。

処方箋	a prescription

  * 医師の処方箋がないと買えない薬が多い。

健康保険	health insurance
海外旅行傷害保険	overseas travel accident insurance
かぜ	a cold
流感	(the) flu
肺炎	pneumonia
アレルギー	allergy
花粉症	hay fever
じんましん	nettle rash
湿疹	eczema
ぜんそく	asthma
腹痛	a stomachache
下痢	diarrhea

虫垂炎	appendicitis
貧血	anemia
心臓発作	a heart attack
熱中症	heatstroke
骨折する	break [fracture] a bone
捻挫する	sprain [twist]
打撲傷を負う	get a bruise
脱臼する	dislocate
突き指する	sprain a finger
アキレス腱を切る	tear the Achilles tendon
肉離れを起こす	have a torn muscle
足がつる	have a leg cramp

1 体の調子が悪いときには、早めに大学のヘルスセンターに行く。授業料の中にはふつう学生医療費が含まれているので、どんなサービスが受けられるかを前もってチェックしておくと、いざというときに慌てなくてすむ。ヘルスセンターには専従の医師と看護師がいて、健康上の相談に乗ってくれる。頭痛、下痢、腹痛、不眠など、比較的軽い病気の薬は出してくれる。

2 病気が重そうなときには、日本語の話せる医師にかかるほうが安心できる。大学の外国人留学生アドバイザーに相談するなり、最寄りの日本領事館か日米友好協会に電話して医師の紹介を頼むとよいだろう。アメリカなど医療費が高い国もあるので、日本を発つ前に保険に入っておきたい。

*日本大使館、領事館は p. 212 参照

Part 3 Eメール・手紙文・履歴書

1 Eメール・手紙文の書き方

　スピードを重視する現代においては、従来の郵便による手紙よりEメールで用件をすますことが多くなっています。しかし手紙を書く機会が減っているとはいえ、心のこもったお礼の手紙などはもらってうれしいものです。

　英語でEメールや手紙文を書くには、特有の書式や用語に慣れることが必要です。形式に縛られる必要はありませんが、基本的なルールは覚えておきましょう。以下に頭語・結語、書き出しの表現・結びの表現、さらにメールや手紙の実例文をいくつかあげましたので、自分で書くときの参考にしてください。

■ Eメール・手紙文に共通する頭語と結語

＊相手や状況に応じて使い分ける。

頭語: 日本語の「...様」に相当する呼びかけの語。

(1) 一般的に、Dear Mr. King, Dear Mary, などと書く。名前の後にコンマ(,)、またはコロン(:)を付ける。相手の名前がわからないときには、Dear Officials, あるいは Dear Sir or Madam, などとする。

(2) 親しい間柄の人には Dear Nancy, Dear Bill とファーストネームで書く。Dear を用いないで Hello Nancy, Hi Bill と書くこともある。

結語: 日本語の「敬具」に相当する語。

(1) 一般的に、Best wishes, Regards, Best regards が用いられる。

(2) Sincerely, は少しフォーマルな文に、さらに丁重な文には Sincerely yours, を付ける。コンマを付けることを忘れないように。

 注 親しい間柄の場合 Love, とすることもあるが、これは相手が Love, と書いてきたあとのやりとりにとどめておくほうが無難。

■ Eメール・手紙文の書式（レイアウト）

(1) Eメールの書き方

Eメールも基本的には手紙文と同様、相手や状況によって表現を変えるが、Eメール特有の注意点をあげると、

① あいまいな表現は避けて、明瞭に、そして具体的に書く。
② 簡潔で要を得た表現にする。パソコンの画面に入らないような長文は書かない。
③ 前置きは最小限にしてすぐ用件に入る。
④ Eメールに用件は一つに限り、複数の要件を入れないほうがよい。
⑤ 書いたあと、読み直して十分にチェックする。送信ボタンを押してからミスに気づくことのないようにしたい。

宛先（To）	nbsmeneilley@×××.com
差出人（From）	yamagakusei@×××.co.jp
送信日時（Date）	Friday, August 20, 2010　9:52 A.M.
CC：(copy)＊	
件名（Subject）	Advice about my paper 　　　　＊同じ文を他の人へ送信
頭語	Dear Frank,
本文	……………………………………………… ……………………………………………… ………………………………… ……………………………………… ………………………………
結語	I'm looking forward to seeing you. Regards, Masahiko

(2) 手紙文の書き方
  ① 改まった手紙

自分の住所	5–2 Senzoku
	Meguro-ku, Tokyo 152–0012
	Japan
日付	February 3, 2010
相手の名前	Director of Admissions
相手の住所	Syracuse University
	Syracuse, New York 13244
	U.S.A.
頭語	Dear Director :
本文	………………………………………
	………………………………………
	……………………………
本文	………………………………………
	……………………………
結語	Sincerely yours,
サイン	*Taro Suzuki*
名前をタイプ	Taro Suzuki

注 サインは必ず自筆で。

② 親しい人への手紙

自分の住所 (省略可) 日付	2–11–8 Yamate-cho Shibuya-ku, Tokyo 150–0000 Japan July 15, 2010
頭語 本文 (書き初めは 　引っ込める) [indentation]	Dear Nancy, 　・・・・・・・・・・・・・・・・・・・・・・・・・・・・・・・・ ・・・・・・・・・・・・・・・・・・・・・・・・・・・・・・・・ ・・・・・・・・・・・・・・・・・・・・・・・・・・・・・・・・ ・・・・・・・・・・・・・・・・・・・・・・・・・・・・・・・・ ・・・・・・・・・・・・・・・・・・・・・・・・・・・・・・・・ ・・・・・・・・・・・・・・・・・・・・
結語 (最後にコン 　マをつける 　サイン)	Best wishes, 　　　　　*Taro*

Eメール・手紙文の書き方

(3) あて名の書き方

〈封筒の表書き〉

自分の名前と住所

Taro Suzuki
2–15–7 Senzoku
Meguro-ku, Tokyo 152–0012
Japan

切手

相手の名前と住所

Mr. Richard Adams
1–3 Orchard Drive
Tampa, Florida 33620
U.S.A.

BY AIRMAIL

注 最近の傾向として、親しい相手には名前の前に Mr. などの敬称を付けずに、Richard Adams のみにする場合が多い。

■ 書き出しの表現

*時候の挨拶などは抜きにして、直接用件を書き出す。

① 依頼する

□ 私は貴大学に留学生として入学を希望しております。学部学生用のカタログをお送りいただけませんでしょうか。

I am interested in enrolling as an international student at your university. Would it be possible for you to send me an undergraduate catalog?／I would be grateful if you could send me an undergraduate catalog.

□ コンピュータのことでちょっと困っています。もし時間があれば、手伝ってくれませんか。

I have a small problem with my computer. If you have the time, could you please help me with it?／If you have the time to help, I would appreciate it.

② 謝意を表す

□ Eメールをいただきました。ご親切に感謝いたします。

I have just received your e-mail. I appreciate your kind help.

□ トロント滞在中はいろいろお世話になりありがとうございました。お会いできてうれしく思いました。

Thank you very much for all your help while I was in Toronto. It was so good to see you.

□ パーティに招待してくれてありがとう。

Many thanks for inviting me to your party.

□ お便りをいただいてうれしい！

I am so happy to hear from you！

③ 通知する

- [ ] 国際フェスティバルが5月10日、土曜日に開かれます。

An international festival will be held on Saturday, May 10th.

- [ ] 9月9日に寮からアパートに引っ越します。メールアドレスは変わりません。

I am moving on September 9th from the dormitory to a new apartment. My e-mail address will remain the same.

④ 詫びる

- [ ] アウトラインの提出が遅れていることをお許しください。

Please forgive me for taking so long to hand in the outline of my paper.

- [ ] お返事が遅れてすみません。

I'm sorry I didn't write (to) you sooner.

> 注 できれば詫び状には理由を記す。例えば、"I was out of town."（留守にしていたので）、あるいは "I have been busy writing a paper this week."（今週はレポート書きで忙しかったものですから）など。

⑤ 添付資料をつける

（手紙文で）
- [ ] 願書を同封いたします。

Enclosed is [I am enclosing] the application form that I have filled out.

（Eメールで）
- [ ] 願書をWordの添付ファイルでお送りいたします。

Attached is [I am attaching] a Word file containing my application form.

⑥ 久しぶりに便りを送る

□あなたやご家族の皆さん、お元気でお過ごしのことと思います。　I hope all is going well for you and your family.

> 注 この文は結びの言葉としても使うことができる。

□長いことご無沙汰しました。　I am sorry I have not written (to) you for such a long time.

■ 結びの表現

① 謝意を表す

□改めて、ご助言に感謝します。　Thank you again for your advice.

□すごく助かった。もう一度ありがとう。　Again, many thanks for your help.

② 返事を期待する

□お便りをお待ちしております。　I look forward to hearing from you.

□お返事をお待ちしております。　I look forward to your reply.

③ その他

□お会いするのを楽しみにしています。　I'm looking forward to seeing you.

□旅行を楽しみにしています。　I look forward to the trip.

□どうぞお元気で、皆さんによろしく。　Please take care and tell everybody "hello".

□またお便りをくださいね。　Please keep in touch.

■ Eメールのサンプル
① 教授への礼状

  宛先（To）   nbsmeneilley@×××.com
  差出人（From） yamagakusei@×××.co.jp
  送信日時（Date） Friday, August 20, 2010 9:52 A.M.
  CC:（copy）
  件名（Subject） Advice about my paper

Dear Dr. White,

I have just received your e-mail. Thank you very much for your kind advice. I really appreciate it. I am sure that my paper will be greatly improved thanks to your valuable suggestions.

I will certainly keep you informed of the progress of my work.

Sincerely,
Sachiko Yamada

② 友人への招待状

宛先（To）　　　　nbsmeneilley@×××.com
差出人（From）　　kanegakusei@×××.co.jp
送信日時（Date）　Friday, August 20, 2010　9:52 A.M.
CC:（copy）
件名（Subject）　　Saturday's Party

Dear Kay,

An international festival will be held on Saturday, May 10th, from 10:00 A.M. until 3:00 P.M. at the International House. Would you like to come and join us? Please stop by our booth. It would be so good to see you there.

Please let me know if you can come.
Looking forward to hearing from you,

Regards,
Isamu

P.S. A Japanese lunch will be served.

■ 手紙文のサンプル
① 大学案内のカタログ送付の依頼

                                    3–20–101 Irifune-Chuo
                                    Urayasu-shi, Chiba-ken 279–0012
                                    Japan
                                    March 3, 2010

Office of Admissions
University of South Florida
4202 Fowler Avenue
Tampa, Florida 33620
U. S. A.

Dear Director :

  In the library at Heisei University, I found a rather old catalog from the University of South Florida, and I immediately became interested in attending USF for one or more years.

  Would it be possible for you to send me a current catalog, please, together with all forms* and information necessary for an international student application?

  I would also be grateful if you could give me the name, e-mail address, and telephone number of any particular International Student Adviser with whom I should communicate.

  If there is any fee for sending these materials, please let me know by airmail, and I will send the amount immediately.

                                                   Sincerely yours,

                                                   Yoji Hayashi

                                                   Yoji Hayashi

*form：書類、書き込み用紙

② 入学に関する問い合わせ

>　5–12–5 Kasumi
>　Narashino-shi
>　Chiba-ken, 275–0022 Japan
>　April 5, 2010

Office of Admissions
St. Petersburg Junior College
St. Petersburg, Florida 33733
U. S. A.

Dear Officials :

　I am interested in becoming an international student at St. Petersburg Junior College for the academic year starting next September. Unfortunately, I may have a small problem.

　I heard that your college president can admit a student with a TOEFL score from 52–61, if local evaluators think he or she is qualified. My TOEFL score is 48.

　Could I be admitted for one session on the condition that I earn at least a 52 on the TOEFL before the next session ? I am sure I could convince local evaluators that I am qualified, but it would be very hard for my family to pay my way to Florida if I couldn't be sure of admission.

　I am enclosing translated certified copies of my high school and college grades, together with two letters from my native American English professors who say that they think I am qualified.

>　　　　Sincerely yours,
>
>　　　　*Yumi Mori*
>
>　　　　Yumi Mori

③ 入学願書に同封する手紙

>2–11–8 Senzoku
>Meguro-ku, Tokyo 152–0012
>Japan
>May 7, 2010

Director of Admissions
Syracuse University
Syracuse, New York 13244
U. S. A.

Dear Director :

  I am including in this packet the following materials as specified in the admissions materials you sent me :

1. International Student Admission Application Form
2. Non-refundable* application fee of $30.00
3. A TOEFL Score of 80
4. Statement of Financial Responsibility proving my ability to cover all educational, maintenance, and personal expenses without financial aid form the University
5. Recommendation from Nankai University, my last school in Japan
6. My high school and college transcripts*

Thank you very much for your consideration. Getting all of these materials together has been difficult, and I am grateful for your explanations and patience.

>Sincerely yours,
>
>*Akio Suzuki*
>
>Akio Suzuki

*non-refundable：払い戻しをしない　　*transcript：成績証明書

④ 荷物の預かりの依頼

                                              3–17 Sumiyoshidai
                                              Higashinada-ku
                                              Kobe-shi 658–0062
                                              Japan
                                              June 8, 2010

International Student Adviser
University of Northern Iowa
Cedar Falls, Iowa 50613
U. S. A.

Dear Adviser :

  I have just received a letter of acceptance for the fall semester as an international student in American Studies at the University of Northern Iowa. I can't tell you how happy I am and how eager I am to come to your campus.

  I hope you will be able to help me with a small problem I have. My American English teacher here is returning to the United States at the same time I am coming, and she has invited me to travel for a month with her during the summer. I would like to send my big suitcases directly to the University so they will be waiting for me when I arrive and so I won't have to carry them with me all over the United States.

  Can you send me the name and address of someone in an office at the University who could receive and store and take care of my bags for me? I would be happy, of course, to pay the usual fee.

I am sending a stamped, self-addressed airmail envelope for your convenience.

                              Appreciatively,

                              Rie Kono

                              Rie Kono

*依頼状を書くときは、率直に事情を説明して相手の了解を求めるが、他人の好意を期待して頼むのであるから、失礼にならないように丁重に書く。

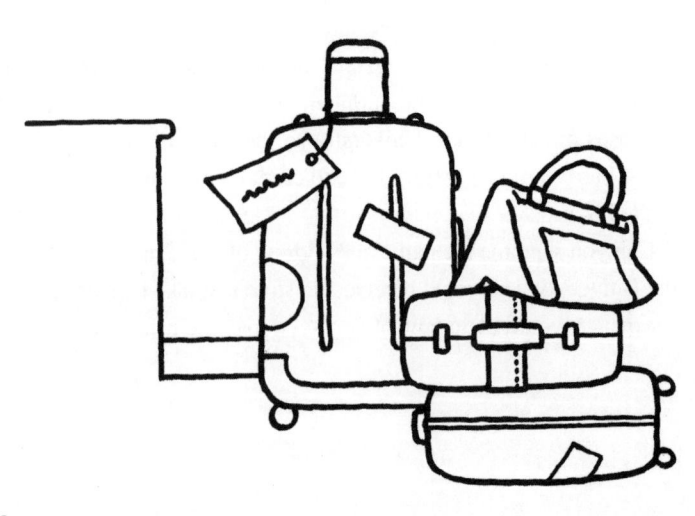

⑤　贈り物への礼状

                        2–16–23–318
                        Sarue, Koto-ku, 135–0003 Tokyo
                        May 5, 2010

Ms. Virginia Holtzman
Hawaii Loa College
45–045 Kam Highway
Honolulu, Hawaii
U. S. A.

Dear Ms. Holtzman :

  I think I visited the most beautiful college campus in the world when I went to see you last Thursday. Hawaii Loa is so beautiful as it sits between the ocean and the mountains surrounded by gigantic palms and rich greenery. And the architecture of your buildings is just right for your tropical setting

  Not only did I enjoy your setting, but I enjoyed the entire day. I learned a lot as I met with Mr. Klinger, the freshman adviser, and as I talked with student groups.

  And then the parting gift you gave me! I saw students wearing the beautiful Hawaii Loa beach jackets, and I admired them, but I never expected to have one of my own. My friends will envy me when I wear your gift at Shonan Beach and even on the subways in Tokyo.

  Thank you very much for all of your consideration, and especially for your gift of the Hawaii Loa jacket.

                                    Appreciatively yours,

                                    Kazumi Higashi

                                    Kazumi Higashi

お世話になったり、好意を示されたりしたら、なるべく早くお礼状を出す。また、パーティーに招かれたら、あとでお礼の手紙を出すのがエチケット。カードに次のような簡単なメッセージを書くだけでもよい。

Dear Mr. and Mrs. Jones,
 Thank you very much for the wonderful dinner. It was so delicious. I really enjoyed meeting all of you!
 Thank you very much.
         Regards,
         Kota

⑥ ホームステイ先の家族への礼状

        1–12–3 Nekozane
        Urayasu, Chiba 279–0004
        Japan
        May 1, 2010

Dear Mr. and Mrs. Lawson and Sara,

 When I left Japan a year ago, I was happy and excited about my homestay in Iowa, but I was also a little nervous and worried. I worried about what you would like, and I worried about myself.

 Would I speak English well enough? Would I adjust to American life and customs? Could I get you to like me? I'm sure you were a little concerned before I came, but I hope you weren't as worried as I was.

 But the minute I saw the three of you at the airport, I knew I would be all right. Mr. Lawson—Dad—had a big smile. Mrs. Lawson—Mama—had her arms stretched out for me. And Sara was bouncing up and down because she saw me first. I was so happy and so relieved.

I have had wonderful nine months as a member of your family. (I won't say "guest in your house," for you made me part of the family, and I am so grateful.) You have helped me in so many ways. You have opened up a whole new lifestyle for me so I can see Japan and Japanese customs with new eyes. You have helped me learn to speak English. You have helped me realize how much alike all people are.

I have had so many experiences I will never forget. Remember the church picnic? Remember the ten girls and the slumber party?* Remember the trip to Devil's Backbone State Park? Remember the final football game? I will always treasure these memories.

Sara, I was especially lucky to have you for a sister. My family wants you to come to Japan, and we are waiting for you. In Japan we say, "My neck is getting longer because I look so hard waiting for you." I hope you will enjoy Japan as much as I enjoyed the United States.

I know we will continue writing to each other. I feel as though I left a part of myself with you, and there are so many things in your lives I shall want to keep hearing about. Thank you for everything.

Best wishes,

Sumiko

＊slumber party：友達の家でのお泊まり会。子供達の楽しみの一つ。

⑦　ルームメイトへの礼状

> 2–6–12 Fujimi
> Chiyoda-ku, Tokyo102–0071
> January 6, 2010

Dear Roger,

When the American Language Academy sent me your name and address and told me that you would be my roommate for the next year, I didn't know what to think. I had never even seen many people from other countries before, and I had never talked with one. How would I ever make friends with a roommate?

I can only say that I am very happy that you and I were assigned together. You are so friendly and helpful and easy to get along with. Also, you are very patient, for you took time to explain things to me and to help me. I appreciate, too, the three times you took me to your home for weekends.

If you can come to Japan sometime in the future, you know you are welcome in Tokyo. My home may be a little smaller than yours, but you will find the same warmth and hospitality I felt with your family.

I hope we will continue to write to each other. I wonder where our separate careers will take us and whether or not we can meet again.

> Best regards,
>
> *Kenji*

＊Best regards：“Sincerely” や “Sincerely yours,” よりもくだけた結びの言葉。

⑧ アドバイザーへの礼状

> 4–1 Okadayama
> Nishinomiya 662–0827
> Japan
> April 15, 2010

Dear Professor Kongstvent :

When my parents decided that I should come to the University of Wisconsin at Racine, I was a little disappointed that I was not going to the big main campus at Madison. Now, after a year in Racine, I am very grateful to them, for I know I learned more and had a better time on the smaller campus than I would have at the larger one. I think you are one of the major reasons.

It's true that in Japan students develop a lifelong friendship with their professors. My father still visits his professor from thirty years ago. But somehow I can't imagine Professor Ogawa's doing for my father what you did for me. You explained each procedure for me so I wouldn't get lost at registration. You helped me understand homework assignments. You explained an idiom and made me feel good when I thought a student was insulting me. You invited me for Thanksgiving and Christmas dinners. You saw that I took just the right classes.

I think I might have been lost on the big campus at Madison, and I think that without you, I might have been lost on the little campus in Racine. I will always appreciate your help, and I will try in the future to help Americans in Japan.

> Sincerely yours,
>
> *Ryutaro*
>
> Ryutaro Kato

2 履歴書の書き方

　履歴書(résumé [rézəmèi]／curriculum vitae)はできるだけ簡潔に、必要な事項を列記します。学歴、仕事の経験、資格、それに趣味や特別な活動なども入れるとよいでしょう。
　＊記述の順序は、職歴から書き始めて学歴を最後に書く場合もある。各項目は例で示したように、最近のものから書く方法、日本のように時期の早いものから書く方法、または重要なものから書く方法など、書き方は履歴書の提出先によって変える。決まった書式があればそれに従う。
　＊大卒の場合、高校はふつう書かない。
　＊第一印象が大切なので、誤字・脱字などの不注意な誤りはしないように。

```
                    SHOKO OGAWA
                    1–12–9 Akabane
               Kanazawa-ku, Yokohama 236–0000
                        Japan
                     045–786–2798


EDUCATION :    HEISEI UNIVERSITY
               Department of Economics, Urayasu, Chiba
               Bachelor of Arts, Economics, expected completion
               date : March, 2010.
               RIDER COLLEGE
               School for Continuing Studies, Lawrenceville, NJ
               American English and Culture
               An Intensive Summer Program, 2008.
               HIGASHI HIGH SCHOOL, Tokyo
               April 2003–March 2006.
EXPERIENCE :   PRIVATE TUTOR, April 2006–2010
               Taught English and math to junior high school students.
               MANAGER'S ASSISTANT, Asahi Associates, Tokyo,
               summer, 2009
               Assisted bookkeeping, customer service, filing, and
               administration.
SKILLS AND INTERESTS :
               TOEFL (Test of English as a Foreign Language), 80
               points
               Computer skills, NEC 9801 System
               Basketball, photography, traveling, and studying foreign
               languages
ACTIVITIES :   Basketball Club Director, Heisei University, 2006–2008.
               Class President, Higashi High School, 2005.
               Active member of Student Volunteers Council
REFERENCES :   Available upon request.
```

*EDUCATION：学歴、EXPERIENCE：職歴、SKILLS AND INTERESTS：特殊技能・趣味、ACTIVITIES：特別活動、REFERENCES：照会先

付　録

■　略　語

学生便覧には略語が使われていることが多い。正式名称もついでに確認しておいてほしい。

A. A.（Associate of Arts）	準文学士 ＊文系教養課程を修了して取得
ACT Exam（American College Test）	アメリカ大学共通テスト ＊大学進学のための共通テスト
ag.（agriculture）	農学
A. S.（Associate of Science）	準理学士 ＊理系教養課程を修了して取得
AV, A-V（Audio-visual）	視聴覚教具
B. School（Business School）	経営学部大学院
B. A.（Bachelor of Arts）	文学士 ＊文系の学士号
B. S.／B. Sc.（Bachelor of Science）	理学士 ＊理系の学士号
dorm.（dormitory）	寮
Dr.（doctor）	博士、医師
ec.／econ.（economics）	経済学
Ed. D.（Doctor of Education）	教育学博士

EFL（English as a Foreign Language）	外国語としての英語
ESL（English as a Second Language）	第二言語としての英語
exam.（examination）	試験
GMAT（Graduate Management Admission Test）	経営学大学院入学共通テスト
GPA（Grade Point Average）	総合成績平均点
grad. student（graduate student）	大学院生
GRE（Graduate Record Examination）	大学院入学共通試験 ＊大学院に入学するための総合能力判定テスト
gym.（gymnasium）	体育館
hist.（history）	歴史学
ID card（identity card）	身分証明書、学生証
IELTS（International English Language Testing System）	アイエルツ　＊p.51参照。
J. D.（Juris Doctor）	法務博士　＊法科大学院修了者に与えられる専門職の学位
lab.（laboratory）	実験室、研究所
lit.（literature）	文学
LL. B.（Bachelor of Laws）	法学士
LL. D.（Doctor of Laws）	法学博士

LSAT (Law School Admission Test)	法学部(大学院)入学共通テスト
math. (mathematics)	数学
med. (medicine)	医学
M. A. (Master of Arts)	文学修士　＊文系の修士号
M. B. A. (Master of Business Administration)	経営学修士
M. D. (Doctor of Medicine)	医師 ＊イギリスでは医学博士を指すことが多い。
M. D., Ph. D. (Doctor of Medicine, Doctor of Philosophy)	医学博士号を持った医師
M. F. A. (Master of Fine Arts)	芸術学修士
M. S. (Master of Science)	理学修士　＊理系の修士号
M. S. W. (Master of Social Work, Master of Social Welfare)	社会福祉学修士
P. E. (physical education)	体育
psych. (psychology)	心理学
Ph. D. (Doctor of philosophy)	博士
poli sci. (political science)	政治学
prof. (professor)	教授
R. A. (research assistant)	研究助手

付録

SAT(Scholastic Aptitude Test)	大学進学適性検査 ＊アメリカの高校生が大学入学のために受けるテスト。外国人留学生に求める大学もあるので、前もってチェックしておいたほうがよい。
soci.(sociology)	社会学
student ID(student identity card)	⇨ ID card
T.A.(teaching assistant)	教育助手
TEFL(Teaching English as a Foreign Language)	⇨ EFL
TESL(Teaching English as a Second Language)	⇨ ESL
TESOL(Teaching English to Speakers of Other Languages)	英語を母語としない人々に対する英語教育(法)
TOEFL(Test of English as a Foreign Language)	トーフル ＊p.50参照
Univ.(university)	大学

その他

TOEIC(Test of English for International Communication)	トーイック ＊ビジネスに携わる人々のための英語によるコミュニケーション能力を測定するテスト。

■ 数字の表し方

(1) 基数 (cardinal numbers)

アラビア数字 (Arabic numerals)	文字による書き方と読み方	ローマ数字 (Roman numerals)
0	zero [zíːrou] ★数字の間では [óu] と読むことも多い. ([例]105／wʌ́n ðu fáiv)	
1	one	I, i
2	two	II, ii
3	three	III, iii
4	four	IV, iv
5	five	V, v
6	six	VI, vi
7	seven	VII, vii
8	eight	VIII, viii
9	nine	IX, ix
10	ten	X, x
11	eleven	XI, xi
12	twelve	XII, xii
13	thirteen	XIII, xiii
14	fourteen	XIV, xiv
15	fifteen	XV, xv
16	sixteen	XVI, xvi
17	seventeen	XVII, xvii
18	eighteen	XVIII, xviii
19	nineteen	XIX, xix
20	twenty	XX, xx
21	twenty-one	XXI, xxi
30	thirty	XXX, xxx
32	thirty-two	XXXII, xxxii
40	forty	XL, xl
50	fifty	L, l
60	sixty	LX, lx
70	seventy	LXX, lxx
80	eighty	LXXX, lxxx
90	ninety	XC, xc
100	a [one] hundred	C, c
101	a [one] hundred (and) one	CI, ci
1,000	a [one] thousand	M, m
1万 (10,000)	ten thousand	
10万 (100,000)	a [one] hundred thousand	
100万 (1,000,000)	a [one] million	
1,000万	ten million	
1億	a [one] hundred million	
10億	a [one] billion	
1兆	a [one] trillion	

* 13〜19 までの数は, -teen の部分を強くやや長めに, 30〜90 までの数は, -ty の部分を弱く短めに発音します.
(例) thirtéen (13)　　thírty (30)　　fourtéen (14)　　fórty (40)

(2) 序数 (ordinal numbers)

	文字による書き方	略記法
第 1 番目(の)	first	1 st
第 2 〃	second	2 nd
第 3 〃	third	3 rd
第 4 〃	fourth	4 th
第 5 〃	fifth	5 th
第 6 〃	sixth	6 th
第 7 〃	seventh	7 th
第 8 〃	eighth	8 th
第 9 〃	ninth	9 th
第 10 〃	tenth	10 th
第 11 〃	eleventh	11 th
第 12 〃	twelfth	12 th
第 13 〃	thirteenth	13 th
第 14 〃	fourteenth	14 th
第 15 〃	fifteenth	15 th
第 16 〃	sixteenth	16 th
第 17 〃	seventeenth	17 th
第 18 〃	eighteenth	18 th
第 19 〃	nineteenth	19 th
第 20 〃	twentieth	20 th
第 21 〃	twenty-first	21 st
第 22 〃	twenty-second	22 nd
第 23 〃	twenty-third	23 rd
第 25 〃	twenty-fifth	25 th
第 30 〃	thirtieth	30 th
第 40 〃	fortieth	40 th
第 50 〃	fiftieth	50 th
第 60 〃	sixtieth	60 th
第 70 〃	seventieth	70 th
第 80 〃	eightieth	80 th
第 90 〃	ninetieth	90 th
第 100 〃	(one) hundredth	100 th

■ 数字の読み方

① 電話番号、クレジットカード、学籍番号など、長い数字が続くもの

数を1字ずつ棒読みにする。

(例) 369-5048 → three-six-nine, five-0-four-eight
  注 0 はふつう O [óu] と読むが、強調して zero [zí:rou] とも言う。

② 番地、教室番号など

数字を1字ずつ棒読みにするか、あるいは100の位で区切って読む。

(例) 136 Clare Avenue → one-three-six Clare Avenue
  東町3丁目11の2の312号室 → 3-11-2 Higashi-cho, Apt. 312
  注 ハイフン (hyphen) をつけて言うとわかりやすい。
  3号棟316教室 → Room three-one-six [three-sixteen], Building No.3

③ 時　刻

数字をそのままの順序で読む。

(例) いま午前10時15分です。→ It's 10:15 A.M.; ten-fifteen a.m.
  注 It's fifteen after [past] ten. とも言う。
  注 A.M. (午前)、P.M. (午後) のほかに、小文字の a.m. や p.m. も使う。必ず時刻のあとにつける。

④ 日　付

日を表す数字は、書くときには基数を使うが、読むときにはふつう序数を使う。

(例) 7月12日：July 12 → July (the) twelfth
  注 基数を使って、July twelve とも言う。

⑤ **西暦年号**

2つに区切って読む。

（例）　1983 年 → nineteen eighty-three

⑥ **金　銭**

dollars や cents を使っても、そのまま数字を棒読みしてもよい。

（例）　10 ドル 15 セント（$10.15）→ ten dollars and fifteen cents; ten fifteen

■ 長さ、広さ、重さ、容積、体積の単位

① 長さの単位(Length)

1 インチ	inch	in	2.54 cm
1 フィート	foot	ft	約 30.5 cm
1 ヤード	yard	yd	約 91.4 cm (3 feet)
1 マイル	mile	mi	約 1.6 km
1 センチメートル	centimeter	cm	約 0.39 inches
1 メートル	meter	m	約 3.3 feet (約 1.1 yards)
1 キロメートル	kilometer	km	約 0.6 miles

＊メートルは (米)meter, (英)metre と綴る.

② 広さの単位(Area)

1 平方インチ	square inch	sq in	約 6.5 ㎠
1 平方フィート	square foot	sq ft	約 0.09 ㎡
1 平方ヤード	square yard	sq yd	約 0.84 ㎡
1 エーカー	acre	a	約 4047 ㎡
1 平方メートル	square meter	㎡, sq m	約 11 ft² (約 1.2yd²)
1 平方キロ	square kilometer	km², sq km	

＊square foot や square yard は家の広さやカーペットの大きさなどを言うときに使う.
＊acre は土地の広さに使う.
＊1 坪は約 3.3 ㎡.
＊家の広さを聞かれることがあるので、答えられるようにしておくとよい.
　(例) My house has a floor space of 100 square meters.
　　(私の家は建坪 100 平方メートルです)
＊畳の部屋の場合には、6 畳の間(a six-mat room)のように言う.

③ 重さの単位(Weight)

1 グラム	gram	g	約 0.035 oz(オンス)
1 キログラム	kilogram	kg	約 2.2 lbs(ポンド)
1 トン	ton	t	(米)約 907.2 kg
			(英)約 1016.1 kg
1 オンス	ounce	oz	約 28.35 g
1 ポンド	pound	lb	約 16 ozs(オンス)
			約 0.45 kg

④ 容積、体積の単位(Capacity, Volume)

1 リットル	liter	ℓ	1 000 mℓ(ミリリットル)
			1 000 cc(立方センチ)
1 ガロン	gallon	gal	4 quarts(クォート)
			8 pts(パイント)
			(米)約3.81 ℓ(リットル)
			(英)約4.51 ℓ(リットル)

＊リットルは (米)liter, (英)litre と綴る.

■ 温度の単位(Temperature)

海外では気温・体温を言うときには、華氏(Fahrenheit)を使う国がある。

32°F は thirty-two degrees Fahrenheit と読む。

換算式は

セ氏 (Celsius, ℃)　　　: $℃ = \frac{5}{9}(°F - 32)$

カ氏 (Fahrenheit, °F)　: $°F = \frac{9}{5}℃ + 32$

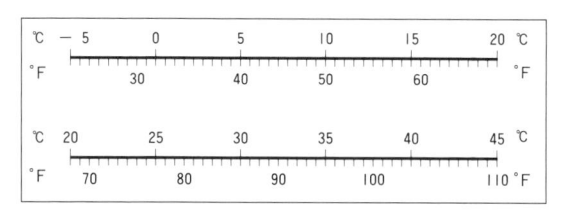

```
℃  -5      0        5       10      15      20 ℃
°F        30      40      50      60         °F

℃  20   25      30      35      40      45 ℃
°F    70      80      90      100        110 °F
```

目安として次の温度を覚えておくとよい。

100°C	212°F
37°C	98.6°F
0°C	32°F

■ 日本と主要都市の時差(Time Difference)

● アメリカには4つの標準時がある。日本との時差は、太平洋標準時 Pacific Standard Time (PST)でマイナス17時間、山岳地帯標準時 Mountain Standard Time (MST)でマイナス16時間、中部標準時 Central Standard Time (CST)でマイナス15時間、そして東部標準時 Eastern Standard Time (EST)でマイナス14時間である。サマータイム Daylight Saving Time は、3月の第2日曜日から11月の第1日曜日まででこの期間は時計の針を1時間進めるので、日本との時差はそれぞれ一時間ずつ繰り上がる。ただし、ハワイ州、インディアン居留地を除くアリゾナ州ではサマータイムは実施されていない。

夕方、ジェット機で成田を飛び立つと、ロサンゼルスに着くのは、日付変更線を通るので同じ日の朝、実際の飛行時間は約9時間。時差ボケ(jet lag)でつらい思いをする人もいる。

日本	太平洋標準時 (PST) ロサンゼルス	山岳地帯 標準時 (MST) デンバー	中部標準時 (CST) シカゴ	東部標準時 (EST) ニューヨーク (夏時間)
0時	前日の7時	〃 8時	〃 9時	〃 10 (11)時
1	8	9	10	11 (12)
2	9	10	11	12 (13)
3	10	11	12	13 (14)
4	11	12	13	14 (15)
5	12	13	14	15 (16)
6	13	14	15	16 (17)
7	14	15	16	17 (18)
8	15	16	17	18 (19)
9	16	17	18	19 (20)
10	17	18	19	20 (21)
11	18	19	20	21 (22)
12	19	20	21	22 (23)
13	20	21	22	23 (0)
14	21	22	23	0 (1)
15	22	23	0	1 (2)
16	23	0	1	2 (3)
17	0	1	2	3 (4)
18	1	2	3	4 (5)
19	2	3	4	5 (6)
20	3	4	5	6 (7)
21	4	5	6	7 (8)
22	5	6	7	8 (9)
23	6	7	8	9 (10)
24	7	8	9	10 (11)

● カナダには6つの標準時がある。日本との時差は、太平洋岸標準時 Pacific Standard Time がマイナス17時間、山岳部標準時 Mountain Standard Time がマイナス16時間、中央標準時 Central

Standard Time がマイナス 15 時間、東部標準時 Eastern Standard Time がマイナス 14 時間、大西洋岸標準時 Atlantic Standard Time がマイナス 13 時間、ニューファンドランド標準時 New Foundland Standard Time がマイナス 12 時間 30 分である。サマータイム Daylight Saving Time はサスカチュワン州以外で実施されており、3 月の第 2 日曜日から 11 月の第 1 日曜日までで、この時期は時計の針を 1 時間進めるので、日本との時差はそれぞれ 1 時間ずつ繰り上がる。

● イギリスとアイルランドはグリニッジ標準時 Greenwich Mean Time（GMT）を採用している。日本との時差はマイナス 9 時間である。サマータイム summer time は 3 月の最終日曜日から 10 月の最終日曜日まで実施され、その期間は日本との時差がマイナス 8 時間となる。

● オーストラリアには 3 つの標準時があり、日本との時差はオーストラリア東部標準時 Australian Eastern Standard Time（AEST）がプラス 1 時間、オーストラリア中部標準時 Australian Central Standard Time（ACST）がプラス 30 分、オーストラリア西部標準時 Australian Western Standard Time（AWST）がマイナス 1 時間である。サマータイム Daylight Saving Time は、ニューサウスウェルズ州、ビクトリア州、オーストラリア首都特別地域（キャンベラ）、タスマニア州と中央部の南オーストラリア州で実施しており、その期間は時計の針を 1 時間進める。実施期間は各州が毎年決定しているが、原則として 10 月の最終日曜日（タスマニア州は 10 月の第 1 日曜日）から 3 月の最終日曜日まで。

● ニュージーランドと日本との時差はマイナス 3 時間である。サマータイム Daylight Saving Time 実施期間は、9 月の最終日曜日から 4 月の第 1 日曜日までで、この時期は時計の針を 1 時間進めるので時差はマイナス 4 時間となる。

■ 学生ことば(College Student Jargon)

　大学のキャンパス内でよく耳にする、インフォーマルな学生ことばを集めた。国や地域によっても異なるし、また、次々に新しいことばが作られ、新旧の入れ替わりも激しい。仲間うちだけに通用する特別な俗語が多く、差別や偏見を含む表現もあるので、自分が使うときには気をつけてほしい。

ace: ace a test	優秀な成績をとる、試験はばっちりだ
A student	全"A"の成績優秀な学生、優等生 ※ straight A student ともいう
all-nighter: pull an all-nighter	徹夜する
bad	かっこいい、すごくいい
bigmouth	おしゃべりな人、秘密をペラペラ話す人、自慢屋
blanket: wet blanket	(パーティなどで)座を白けさせる人[物]、特に、社交の場で興をそぐ人
BO, B.O.	体臭 ※ body odor の略
books: hit the (*one's*) books	猛勉強を始める
booze	酒、アルコール飲料
break: Gimme a break!	いいかげんにしてよ、勘弁してくれよ
bug	いらいらさせる、せがむ (例)Don't bug me!

BYOB	酒類各自持参のこと ※ Bring Your Own Bottle の略。BYOD (Bring Your Own Drink)ともいう。
cake: a piece of cake	超簡単、お茶の子さいさい、朝めし前
cards: It is in the cards.	(可能性として)ありえる・起こりえる、見込みあり
catch-22	にっちもさっちもいかない状態、八方ふさがりの状態
chance: fat chance	(可能性として)ありえない・起こりえない、見込み薄
cheat	カンニングする
cheat sheet	虎の巻、カンニングペーパー
chicken	弱虫、臆病者
chill out	落ち着く、リラックスする
class: cut [skip] a class	(授業を)さぼる
con artist	ペテン師
cool	すごい、素敵な
Cool it!	落ち着け！ 興奮するな！
couch potato	怠け者、ソファーに寝そべってスナック菓子を食べながらテレビを見る人 ※軽蔑した言い方。肥満の人を揶揄する意味もある。
cram	(試験前に)詰め込みのガリ勉をする

付録

creep	嫌なやつ、薄気味悪い人、陰気臭い人
crib	カンニングペーパー、虎の巻；(米)住まい、アパート
do *one's* **own thing**	自分流にやる
doghouse: be in the doghouse	ピンチに陥っている、苦境に立っている
dough	現金、現なま
dude	かっこいい男、めかし屋、しゃれ者
eager beaver	がんばり屋、勉強の虫
easy: take it easy	①気楽にやる、くよくよしない ②(別れの挨拶として)じゃあ、さよなら
flake	変人、おかしなやつ
flop: flop on the test	試験でしくじる、大失敗する
foxy	魅力的な、セクシーな
freak out	パニック状態になる
friend: my friend	生理、月経 (例) My friend has just come.
gas: run out of gas	エネルギー切れの、力尽きて ※ run out of steam ともいう
Go for it!	がんばれ！
gonna	'going to' の短縮形
grab: How does that grab you?	どう思う？ それについてのあなたの印象は？

greasy spoon	薄汚い安食堂 ※スプーンまでが油でベトベトのレストランのこと
gross: It's gross.	むかつく、吐き気を催す ※軽蔑した言い方
grub: get my grub on	食事に行く、食いに行く
gung ho	熱烈な、やる気満々の
hang: let it all hang out	隠しだてせずにぶちまける
hang out	ぶらぶら過ごす、リラックスする
hangout	(若者の)たまり場、行きつけの場所
hay: hit the hay	床に就く、寝る
high	(酒に)酔った、(麻薬に)ハイになった、興奮状態の
history: He's [It's] history.	もはや過去の人[出来事]
hit on	(つきまとって)悩ます、言い寄る
jalopy	ポンコツ自動車
jerk	バカなやつ、間抜け
john	(主に男子用)トイレ
killer	断然すごい、だんトツにいい
knock	けなす、あら探しをする
Knock it off!	やめなさい、黙りなさい
loony	変人

loser	負け犬、どじ
make out	①うまくやる、いい成績をとる ②(異性)うまくやる、いちゃいちゃする
Mickey Mouse	時間の無駄な、取るに足らない、簡単な
Mickey Mouse course	楽勝科目、単位が楽に取れる科目
monkey around	ふざける、浮かれて騒ぐ
mother of	本当にすごい、最高の (例)the mother of tests: とてつもなく難しいテスト the mother of vacations 最高の休暇
mumbo-jumbo	支離滅裂な言葉
neat	すごくいい、素敵な
nerd	おたく、ダサイやつ ※勉強はよくできて知識は豊富なのに社交性に乏しい人
out of here	①さよなら ②抜けた、やめた (例)I'm out of here.
out of it	(飲酒・疲労などで)頭がぼうっとしている
pick up	車で迎えに行く、車で拾う
pickup	行きずりの知り合い、ナンパして引っかけること

pig	豚のようにがつがつ食べる人、食い意地の張った人
pigheaded	頑固な、石頭の
pig out	意地汚くがつがつ食べる
plastered	べろんべろんに酔っ払った
Pope: Is the Pope Catholic?	(知ってるかって)そんなの当たり前じゃないか、わかりきったことじゃないか
potluck	料理持ち寄りパーティ
put on: You're putting me on.	冗談でしょう、私をからかっているんでしょう
put your foot in your mouth	ドジを踏む、失言する
racket	どんちゃん騒ぎ、騒音
right on	①完璧な、まったく正しい ②そのとおり！ いいぞ！
sack: hit the sack	床に就く、寝る
scholar	学者さん、がり勉さん
schoolphobia	学校恐怖症、学校嫌い
screw up	ドジを踏む、大失敗をする
Shape up or ship [get] out!	しっかりしろ、さもなくば出て行け
shopping	ショッピング ※正式な履修登録をする前に、教室を見て回って、授業や教師を物色すること。
shoulder: give the cold shoulder	冷淡な態度であしらう

significant other	大切な人 ※恋人など
smashed	べろんべろんに酔っ払った
snail mail	普通郵便 ※e-mail に対していう
snap: be a snap	楽ちんだ、ちょろい
snap course	楽勝科目、単位を取りやすい科目
softie	お人好し、カモ、情にもろい人
stoned	(麻薬で)ふらふらになって
suck: It sucks.	全然なってない、最悪だ
super	すごい
sweet	すごくいい、かっこいい
tea: That's not my cup of tea.	私の好みに合わない
tree: up a tree	お手上げだ、全くどうしょうもない
turn off	白けさせる、興味を失わせる
turn on	しびれさせる、興奮させる
VG	ビデオゲーム (例) play some vgs
vidaholic	テレビ・ビデオ中毒の人
wanna	'want to' の短縮形
way-out	とっぴな、奇抜な
weather: under the weather	体の具合がよくない、元気がない

What's up?	やあ、元気？
What's cooking?	どうなってるの[何事が起きているのか]？ 何をたくらんでるの？
X-rated	成人向けの、わいせつな、卑猥な
yucky	むかつく、まずい
yummy	①すごく美味しい ②魅力的な

■ 日本政府在外公館(外務省在外公館リスト、2010年現在)
アメリカ

在アメリカ合衆国大使館 Embassy of Japan 2520 Massachusetts Avenue N.W., Washington D.C., 20008, U.S.A. Tel:（1-202）238-6700　　　Fax:（1-202）328-2187 http://www.us.emb-japan.go.jp/j/html/file/index.html
在アトランタ総領事館 Consulate-General of Japan One Alliance Center, 3500 Lenox Road, Suite 1600, Atlanta, GA 30326, U.S.A. Tel:（1-404）240-4300　　　Fax:（1-404）240-4311 http://www.atlanta.us.emb-japan.go.jp/nihongo/index.html
在サンフランシスコ総領事館 Consulate-General of Japan 50 Fremont Street, Suite 2300, San Francisco, California, 94105, U.S.A. Tel:（1-415）777-3533　　　Fax:（1-415）974-3660 http://www.sf.us.emb-japan.go.jp/
在シアトル総領事館 Consulate-General of Japan 601 Union Street, Suite 500, Seattle, Washington 98101, U.S.A. Tel:（1-206）682-9107〜10　　　Fax:（1-206）624-9097 http://www.seattle.us.emb-japan.go.jp/Japanese/index_j.htm

在シカゴ総領事館
Consulate-General of Japan
Olympia Centre, Suite 1100, 737 North Michigan Avenue, Chicago, Illinois 60611, U.S.A.
Tel: (1-312)280-0400　　　Fax: (1-312)280-9568
http://www.chicago.us.emb-japan.go.jp/indexjp.html

在デトロイト総領事館
Consulate-General of Japan
400 Renaissance Center, Suite 1600, Detroit, Michigan 48243, U.S.A.
Tel: (1-313)567-0120, 0179　　　Fax: (1-313)567-0274
http://www.detroit.us.emb-japan.go.jp/japanese.htm

在デンバー総領事館
Consulate-General of Japan
1225 17th Street, Suite 3000, Denver, Colorado 80202, U.S.A.
Tel: (1-303)534-1151　　　Fax: (1-303)534-3393
http://www.denver.us.emb-japan.go.jp/

在ナッシュビル総領事館
Consulate-General of Japan
1801 West End Avenue, Suite 900, Nashville, TN 37203, U.S.A.
Tel: (1-615)340-4300　　　Fax: (1-615)340-4311
http://www.nashville.us.emb-japan.go.jp/index_j.htm

在ニューヨーク総領事館
Consulate-General of Japan
299 Park Avenue, 18th Floor, New York, NY 10171, U.S.A.
Tel: (1-212)371-8222　　　Fax: (1-212)319-6357
http://www.ny.us.emb-japan.go.jp/jp/html/index.html

在ハガッニャ総領事館
Consulate-General of Japan
Suite 604, Guam International Trade Center Building
590 South Marine Corps Drive Tamuning, Guam 96913, U.S.A.
(P.O. Box AG, Hagatna, Guam 96932, U.S.A.)
Tel: (1-671)646-1290, 646-5220　　　　Fax: (1-671)649-2620
http://www.hagatna.us.emb-japan.go.jp/index_j.htm

在ヒューストン総領事館
Consulate-General of Japan
2 Houston Center, 909 Fannin, Suite 3000, Houston, Texas 77010, U.S.A.
Tel: (1-713)652-2977　　　　Fax: (1-713)651-7822
http://www.houston.us.emb-japan.go.jp/index_j.htm

在ポートランド総領事館
Consulate-General of Japan
Wells Fargo Center, Suite 2700, 1300 S.W., 5th Avenue, Portland, Oregon 97201, U.S.A.
Tel: (1-503)221-1811　　　　Fax: (1-503)224-8936
http://www.portland.us.emb-japan.go.jp/

在ボストン総領事館
Consulate-General of Japan
Federal Reserve Plaza, 14th Floor, 600 Atlantic Avenue, Boston, Massachusetts 02210, U.S.A.
Tel: (1-617)973-9772〜4　　　　Fax: (1-617)542-1329
http://www.boston.us.emb-japan.go.jp/ja/index.htm

在ホノルル総領事館
Consulate-General of Japan
1742 Nuuanu Avenue, Honolulu, Hawaii 96817-3201, U.S.A.
Tel: (1-808)543-3111　　　　Fax: (1-808)543-3170
http://www.honolulu.us.emb-japan.go.jp/index_j.htm

在マイアミ総領事館
Consulate-General of Japan
Brickell Bay View Center, Suite 3200, 80 S.W. 8th Street, Miami, Florida 33130, U.S.A.
Tel: (1-305)530-9090　　　　Fax: (1-305)530-0950
http://www.miami.us.emb-japan.go.jp/index_j.htm

在ロサンゼルス総領事館
Consulate-General of Japan
350 South Grand Avenue, Suite 1700, Los Angeles, California 90071 U.S.A.
Tel: (1-213)617-6700　　　　Fax: (1-213)617-6727
http://www.la.us.emb-japan.go.jp/web/home.htm

在アンカレジ出張駐在官事務所
Consular Office of Japan
3601 C Street, Suite 1300, Anchorage, Alaska 99503, U.S.A.
Tel: (1-907)562-8424　　　　Fax: (1-907)562-8434
http://www.anchorage.us.emb-japan.go.jp/ index_j.htm

在サイパン出張駐在官事務所
Consular Office of Japan
2nd floor, Bank of Hawaii Bldg, Marina Heights Business Park, Puerto Rico, Saipan, MP96950-0407, U.S.A. (P.O. Box 500407 Main Post Office, Saipan, MP 96950, U.S.A.)
Tel: (1-670)323-7201　　　　Fax: (1-670)323-8764

カナダ

在カナダ大使館
Embassy of Japan
255 Sussex Drive, Ottawa, Ontario KIN 9E6, Canada
Tel: (1-613)241-8541　　　Fax: (1-613)241-7415
http://www.ca.emb-japan.go.jp/JapaneseSite/index_j.htm

在バンクーバー総領事館
Consulate-General of Japan
800-1177 West Hastings Street, Vancouver, B.C., V6E 2K9, Canada
Tel: (1-604)684-5868　　　Fax: (1-604)684-6939
http://www.vancouver.ca.emb-japan.go.jp/index_j.htm

在カルガリー総領事館
Consulate-General of Japan
2300 Trans Canada Tower, 450-1st Street S.W., Calgary, Alberta T2P 5H1, Canada
Tel: (1-403)294-0782　　　Fax: (1-403)294-1645
http://www.calgary.ca.emb-japan.go.jp/index_j.htm

在トロント総領事館
Consulate-General of Japan
Suite 3300, Royal Trust Tower, 77 King St. W., Toronto, Ontario, M5K 1A1, Canada (P.O.Box 10 Toronto-Dominion Centre)
Tel: (1-416)363-7038　　　Fax: (1-416)367-9392
http://www.toronto.ca.emb-japan.go.jp/

在モントリオール総領事館
Consulat Général du Japon
600 rue de la Gauchetière Ouest, Suite 2120, Montréal, Québec, H3B 4L8, Canada
Tel: (1-514)866-3429　　　　Fax: (1-514)395-6000
http://www.montreal.ca.emb-japan.go.jp/

英国

在英国大使館
Embassy of Japan
101-104, Piccadilly, London, W1J 7JT, U.K.
Tel: (44-20)7465-6500　　　　Fax: (44-20)7491-9348
http://www.uk.emb-japan.go.jp/jp/index.html

在ロンドン総領事館
Consulate-General of Japan
事務所は、在英国大使館と同じ。

在エディンバラ総領事館
Consulate-General of Japan
2 Melville Crescent, Edinburgh EH3 7HW, U.K.
Tel : (44-131)225-4777　　　　Fax: (44-131)225-4828
http://www.edinburgh.uk.emb-japan.go.jp/indexj.htm

アイルランド

在アイルランド大使館
Embassy of Japan
Nutley Building, Merrion Centre, Nutley Lane, Dublin 4, Ireland
Tel: (353-1)202-8300　　　　Fax: (353-1)283-8726
http://www.ie.emb-japan.go.jp/Nihongo.htm

オーストラリア

在オーストラリア大使館
Embassy of Japan
112 Empire Circuit, Yarralumla, Canberra A.C.T. 2600, Australia
Tel: (61-2)6273-3244　　　Fax: (61-2)6273-1848
http://www.au.emb-japan.go.jp/

在シドニー総領事館
Consulate-General of Japan
Level 34, Colonial Centre, 52 Martin Place, Sydney, N.S.W. 2000, Australia (G.P.O. Box No.4125, Sydney 2001)
Tel: (61-2)9231-3455　　　Fax: (61-2)9221-6157
http://www.sydney.au.emb-japan.go.jp/

在パース総領事館
Consulate-General of Japan
21st Floor, The Forrest Centre, 221 St. George's Terrace, Perth, W.A. 6000, Australia
Tel: (61-8)9480-1800　　　Fax: (61-8)9321-2030
http://www.perth.au.emb-japan.go.jp/ index_j.htm

在ブリスベン総領事館
Consulate-General of Japan
17th Floor, 12 Creek Street, Brisbane, Queensland 4000, Australia
Tel: (61-7)3221-5188　　　Fax: (61-7)3229-0878
http://www.brisbane.au.emb-japan.go.jp/Japanese/index.htm

在メルボルン総領事館
Consulate-General of Japan
45th Floor, Melbourne Central Tower, 360 Elizabeth Street,
Melbourne, Victoria, 3000, Australia
Tel: (61-3)9639-3244　　　　　Fax: (61-3)9639-3820
http://www.melbourne.au.emb-japan.go.jp/ index_j.html

在ケアンズ出張駐在官事務所
Branch Office in Cairns, Consulate-General of Japan at Brisbane
Level 15, Cairns Corporate Tower, 15 Lake Street, Cairns, QLD
4870, Australia (P.O. Box 1493 Cairns QLD 4870)
Tel: (61-7)4051-5177　　　　　Fax: (61-7)4051-5377

ニュージーランド

在ニュージーランド大使館
Embassy of Japan
Level 18, The Majestic Centre, 100 Willis Street, Wellington 1,
New Zealand (P.O. Box 6340 Marion Square Wellington 6011)
Tel: (64-4)473-1540　　　　　Fax: (64-4)471-2951
http://www.nz.emb-japan.go.jp/ index_j.htm

在オークランド総領事館
Consulate-General of Japan
Level 12, ASB Bank Centre, 135 Albert Street, Auckland, New
Zealand (P.O. Box 3959)
Tel: (64-9)303-4106　　　　　Fax: (64-9)377-7784
http://www.nz.emb-japan.go.jp/auckland/index_j.htm

付録

在クライストチャーチ出張駐在官事務所
Consular Office of Japan
Level 5 Forsyth Barr House, 764 Colombo Street, Christchurch, New Zealand
Tel: (64-3)366-5680   Fax: (64-3)365-3173
http://www.nz.emb-japan.go.jp/consular_office/index_j.htm

■ 資料問い合わせ先（日本国内）

安全

○外務省ホームページ「海外安全ホームページ」「各国・地域情報」「渡航関連情報」

http://www.anzen.mofa.go.jp/

海外安全相談センター：03-5501-8162

世界各地の、テロの動向、新型インフルエンザなどの感染症状況、邦人関連の事件など、安全に関するさまざまな情報が得られる。渡航前に必ずチェックしたい。

留学一般

○独立行政法人　日本学生支援機構（JASSO）の「海外留学情報ページ」

http://www.jasso.go.jp/study_a/oversea_info.html

留学の基礎情報や、日本で募集される奨学金やローンなど、留学一般の情報が得られる。

「よくある質問集」も留学計画に役立つ。

英語力テスト

○TOEFL（トーフル）：国際教育交換協議会（CIEE）

http://www.cieej.or.jp/

特に米国留学のために必要とされることが多い。テストの内容、日程、会場、申し込みなどの情報が得られる。他の国でもこのスコアが英語力の証明として認められることもあるので問い合わせるとよい。

○IELTS（アイエルツ）：ブリティッシュカウンシル

http://www.britishcouncil.org/jp/japan-exams-ielts.htm

英国、オーストラリア、カナダ、ニュージーランドなどへの留学に必要とされることが多い。米国でも TOEFL に代わる試験として認められる場合もある。

国別留学情報

各国の駐日大使館のページで、留学やビザの取得に関する情報が得られる。奨学金の情報を掲載している所もある。また、それぞれの国の基礎的情報、文化・社会などに関する情報も得られるので、留学先が決まってからもチェックしておくとよい。

○米国大使館
〒107-8420 東京都港区赤坂 1-10-5
Tel: 03-3224-5000
http://japan.usembassy.gov/t-main.html
札幌、東京、名古屋、大阪、福岡にあるレファレンス資料室についての情報も。

○日米教育委員会
〒100-0014 東京都千代田区永田町 2-14-2 山王グランドビル 207 号
Tel: 03-3580-3231
Fax: 03-3580-1217
http://www.fulbright.jp/
日米政府が共同で運営する組織で、フルブライト奨学金を提供している。同窓生の留学後の活動など、留学後にも使える情報もある。

○Study in the USA
http://japanese.studyusa.com/
語学留学、夏季留学、大学、大学院など、タイプ別の学校検索や資料請求ができる。

○カナダ大使館
〒107-8503 東京都港区赤坂 7-3-38
Tel: 03-5412-6200
Fax: 03-5412-6247
http://www.international.gc.ca/missions/japan-japon/menu-jpn.asp

カナダ留学、ビザの情報などが得られる。

○英国大使館
〒102-8381　東京都千代田区一番町 1
Tel: 03-5211-1100
Fax: 03-5275-3164
http://ukinjapan.fco.gov.uk/ja/
英国の教育制度や文化情報など、英国を知るために役立つ。ビザ情報も取得できる。

○ブリティッシュカウンシル
〒162-0825　東京都新宿区神楽坂 1-2
Tel: 03-3235-8031
Fax: 03-3235-8040
〒530-0003　大阪市北区堂島 1-6-20　堂島アバンザ 4F
Tel: 06-6342-5301
Fax: 06-6342-5311
http://www.britishcouncil.org/jp/japan.htm
英国の公的な国際文化交流機関。基本的な留学情報のほか、「もっと！英国留学」という留学生のためのコミュニケーションサイトも運営。英国留学のための奨学金情報も。

○アイルランド大使館
〒102-003　東京都千代田区麹町 2 丁目 10-7
アイルランドハウス
Tel: 03-3263-0695
Fax: 03-3265-2275
http://www.irishembassy.jp/home/index.aspx?id=33616
ビザ、政府奨学金の情報を取得できる。

○アイルランド政府商務庁
〒102-0083　東京都千代田区麹町 2-10-7　アイルランドハウス 1F
Tel: 03-3263-0611
Fax: 03-3263-0614
http://www.enterprise-ireland.or.jp/
大学留学のコンテンツがあり、「アイルランド留学パーフェクトガイド」をダウンロードできる。

○オーストラリア大使館
〒108-8361　東京都港区三田 2-1-14
Tel: 03-5232-4111
http://www.australia.or.jp/
ビザや各種奨学金の情報を取得できる。

○オーストラリア政府国際教育機構
http://www.study.australia.or.jp/
大学や専攻検索、体験者の生活情報などオーストラリア留学に関する情報が得られる。

○ニュージーランド大使館
〒150-0047　東京都渋谷区神山町 20-40
Tel: 03-3467-2271
Fax: 03-3467-2278
http://www.nzembassy.com/japan
ニュージーランドの教育制度、ビザ情報を取得できる。

国別観光情報
特に短期研修の場合、各国政府のサイトなどで観光情報をチェックしておくと、自由時間を有効に使うことができるだろう。また、留学先への交通アクセスを調べるのにも役立つ。前述の大使館のページからも観光情報が入手できる。

○アメリカ合衆国公式観光ウエブサイト
http://www.discoveramerica.com/jp/

○カナダ観光局
http://jp.canada.travel/

○英国政府観光庁
http://www.visitbritain.jp/

○アイルランド政府観光庁
http://www.discoverireland.jp/

○オーストラリア観光局
http://www.australia.com/jp/index.aspx

○ニュージーランド観光局
http://www.newzealand.com/travel/Japan/

■ 参考文献(順不同)

辞書

Longman Dictionary of Contemporary English (1995), New York, Longman Corpus.

『ロングマン英和辞典』(2007)、池上嘉彦他監修、ピアソン・エデュケーション。

『ライトハウス和英辞典』(2008)、小島義郎他編、研究社。

『ルミナス和英辞典』(2005)、小島義郎他編、研究社。

『スーパーアンカー和英辞典』(2000)、山岸勝榮編、学習研究社。

A Concise Collection of College Students' Slang (2004), Xin-An Lu & David W. Graf Jr., New York, iUniverse, Inc.

一般書

William West (1988), *Developing Writing Skills*, Newton, Mass., Allyn and Bacon, Inc.

植松、トミー他(1990)、『ホームステイの英語』研究社。

上村妙子・大井恭子(2004)、『英語論文・レポートの書き方』研究社。

倉骨彰他(2008)、『英文Eメール文例ハンドブック』日本経済新聞出版社。

小島茂(1990)、『キャンパスの英語』講談社。

田中典子(2006)、『プラグマティクス・ワークショップ：身のまわりの言葉を語用論的に見る』春風社。

仁木久恵他(2006)、『そのまま使える病院英語表現5000』医学書院。

松崎久純(2009)、『究極の速読法』研究社。

その他、諸大学のカタログ

なお、このハンドブックを作成するにあたっては、多くの書物を参考にさせていただきました。心よりお礼を申し上げます。

語句索引

ア行
IELTS 51, 192
アキレス腱を切る 163
足がつる 163
後片付けを手伝う 126
アパート 145
アレルギー 162
案内 23
家のルール 123
医学 193
生け花 133
医師 162, 191, 193
痛い 162
一年生 14
1階 120
居間 120
嫌なやつ 206
いらいらさせる 204
うまくやる 208
運賃 160
英語 14
AV教室 29
LL教室 28
演習 41
応用〜 15
おしゃべりな人 204
おたく 210
落ち着く 205
おつり 150
お手上げだ 210
お手洗い 29
お腹がすいている 126
お話し中 158
お人よし 210
オフィス 53
オリエンテーション 21
降りる 160
オンライン目録 23

カ行
海外旅行傷害保険 162
会計課 29
〜概論 15
会話 14
化学 15
学外で 28
学者さん 209
学習室 29
学生課 29
学生会館 29
学生証 21
学生証 192
学生食堂 29
学生便覧 21
学生割引 145
学長 53
学内で 28
学年末試験 49
学部学生 14
学部学生用図書館 29
学部長 53
過去の人 207
家事室 120
貸出しカード 23

貸出しカウンター 23
貸出中 24
かぜ 162
課題 45
課題をする 45
課題を出す 45
片仮名 133
借出す 23
貸出す 23
学科主任 53
かっこいい 210
かっこいい男 206
学校恐怖症 209
カフェテリア 29, 148
歌舞伎 133
花粉症 162
カメラ屋 155
科目 21
科目を落とす 49
…科目をとる 14
空手 133
ガリ勉をする 205
借りる(アパートを) 145
歓迎パーティー 117
韓国・朝鮮語 14
看護師 162
頑固な 209
漢字 133
カンニングする 49, 205
カンニングペーパー 205
がんばり屋 206
がんばれ 206
完璧な 209
管理人 145
管理棟 29
議事録 68

議長 68
気に入らない 210
期末試験 49
期末レポート 45
キャンパスツアー 28
キャンパスマップ 28
救急救命室 162
救急車 162
休講 35
教育学博士 191
教育助手 194
教室 28
教授 193
今日のお勧め料理 148
クラス分け試験 49
車で行く 160
クローゼット 120
経営学修士 193
経営学部大学院 191
経済学 14, 191
掲示板 29
芸術学修士 193
携帯電話 158
経理課 29
下宿 145
欠席する 35
けなす 207
下痢 162
元気がない 211
研究室 29, 53
研究所 29, 192
研究助手 193
現金 206
健康保険 162
言語学 15
現像する 155

権利金 145
〜原論 15
講義 41
後期試験 49
講義にでる 35
講義要項 21
航空書簡 154
航空便 154
交差点 152
公衆電話 158
口述試験 49
更新する 23
交通信号 152
講堂 29
講読 14
国際会館 29
国際関係論 15
国際電話 158
骨折する 163
コピー機 24
コミュニケーション 15
ゴミを出す 123
コレクトコール 158
コンピューター室 29

サ行

サービス寮 148
最高の 208
作文 14
酒 133, 204
茶道 133
さよなら 208
さよならパーティー 117
皿を洗う 126
参考図書室 23
三年生 14

仕送り 145
市外電話 158
時間の無駄な 208
時間割 21
敷金 145
試験 48, 192
試験がある 49
試験に落ちる 49
試験に合格する 49
試験勉強をする 49
試験を受ける 49
試験をする 48
司書 23
自宅通学 145
視聴覚教具 191
実技 41
実験室 29, 192
湿疹 162
指導教授 53
自動販売機 148
市内電話 158
しびれさせる 210
指名通話 158
ジャーナリズム 15
社会学 15, 194
社会福祉学修士 193
写真屋 155
シャワーを浴びる 123
柔道 133
授業 41
授業予定表 41
授業料 21
授業を受ける 35
授業をさぼる 35, 41
授業をさぼる 205
授業をする 41

索引

229

宿題　45
…出身である　14
出席する　29
出席をとる　35, 41
準文学士　191
準理学士　191
上級　15
情報処理センター　29
醤油　133
書記　68
初級　15
職業別　158
食事　126
食事の後片付けをする　126
食事の時間　123
食事を出す　126
食堂　120
書斎　120
ショッピングセンター　150
書道　133
処方箋　162
白けさせる　210
シラバス　41
支離滅裂な言葉　208
寝室　120
神社　134
心臓発作　163
神道　133
じんましん　162
心理学　15, 193
数学　15, 193
スーパー　150
すきやき　133
すごい　204, 210
寿司　133
スタジアム　29

素敵な　208
スペイン語　14
すもう　133
生協　29, 150
税金　150
政治学　14, 193
成人向けの　211
生物学　15
整理　206
ゼミ　41
前期試験　49
…専攻する　14
全然なってない　210
ぜんそく　162
選択科目　21
洗濯をする　123
掃除機をかける　123
蔵書目録　23
掃除をする　123
早退する　35
…卒業する　14

タ行

体育　14, 193
体育館　29, 192
大学院生　14
大学院生　192
大学警備室　29
大学構内で　28
大失敗する　206
体臭　204
大切な人　210
台所　120
脱臼する　163
食べ物　126
打撲傷を負う　163

たまり場　207
単位　21
単位を落とす　21
単位を取る　21
たんす　120
断然すごい　207
担任　53
地階　120
地下鉄　160
遅刻する　35
地質学　15
チップ　148
中間試験　49
中級　15
中国語　14
虫垂炎　163
注文する　148
超過料金　24
長距離電話　158
聴講する　21
突き指する　163
ディスカッション　68
ディベート　68
手紙　154
デザート　126
哲学　15
徹夜する　49, 204
デパート　150
寺　134
店員　150
伝票　148
てんぷら　133
電話帳　158
電話をかける　158
ドイツ語　14
トイレ　120

答案を出す　49
投函する　154
統計学　15
豆腐　133
登録　21
登録する　21
TOEIC　194
TOEFL　194, 50
床に就く　209
図書館　23, 29,
図書館相互貸借　24
ドジを踏む　209
とっぴな　210
ドラッグストア　150
どんちゃん騒ぎ　209

ナ行

怠け者　205
悩ます　207
2階　120
肉離れを起こす　163
二年生　14
日本料理　133
入学事務室　29
〜入門　15
抜けた　208
値段　150
熱中症　163
熱烈な　207
捻挫する　163
農学　191
喉が渇いている　126
ノートをとる　41
乗り換え切符　160
乗り換える　160
乗り継ぎ切符　160

乗り継ぎ便 160
乗る 160

ハ行
肺炎 162
俳句 133
売店 29
はがき 154
博士 191, 193
バカなやつ 207
箸 133
発音 14
パニック状態になる 206
番号通話 158
引き伸ばす 155
飛行機で行く 160
左手に 152
左に曲がる 152
筆記試験 49
必修科目 21
ビデオゲーム 210
1人部屋 145
病院 162
平仮名 133
貧血 163
副学長 53
復習をする 41
腹痛 162
ふざける 208
2人部屋 145
普通郵便 154, 210
仏教 133
物理学 15
フランス語 14
風呂に入る 123
文学 15, 192

文学士 191
文学修士 193
文化人類学 15
文法 14
ペテン師 205
ヘルスセンター 162
返却する 24
変人 206, 207
法学 14
法学士 192
法学博士 192
放送する 150
法務博士 192
ホームステイ 117
ホームステイ先 117
保健室 29
保健センター 29
保健体育 14
補講 35
保証金 145
ホストファーザー 117
ホストファミリー 117, 145
ホストペアレント 117
ホストマザー 117
ポンコツ自動車 207
本屋 150

マ行
負け犬 208
間違い電話 158
まっすぐ行く 152
漫画 134
右手に 152
右に曲がる 152
みそ汁 133
身分証明書 192

みやげ物店 150
魅力的な 206, 211
むかつく 207, 211
メディカルセンター 162
免税店 150
面接時間 53
面接の予約 53
もしもし 158
門限 123, 145

ヤ行

焼き付ける 155
焼き増しする 155
約束 153
家賃 145
薬局 162
夕食のしたくをする 126
優等生 204
郵便切手 154
郵便集配人 154
郵便番号 154
郵便ポスト 154
洋室 145
浴室 120
予習をする 41
寄った 207
四年生 14
弱虫 204

ラ行

楽勝科目 208, 210
楽ちんだ 210
理学士 191
理学修士 193
履修する 21
履修をやめる 21

リスニング 14
リムジンバス 160
留学生アドバイザー 21, 53
留学生アドバイザー室 29
留学生会館 29
流感 162
寮 29, 145, 191
領収書 148, 150
寮監 145
倫理学 15
ルームメイト 145
歴史学 15, 192
レジ係 150
レストラン 148
レベル分けテスト 21
レポート 45
レポートを書く 45
レポートを提出する 45
6畳間 145
ローマ字 133
ロシア語 14
〜論 15
論文形式の試験 49

ワ行

和室 145
ワンルームマンション 145

〈著者紹介〉

仁木久恵（にき　ひさえ）

津田塾大学卒業後、テキサス大学大学院修士課程修了（M.A.）。津田塾大学大学院博士課程修了。さらに、ライス大学、イリノイ大学に留学。明海大学名誉教授。専攻は英語教育と英米演劇。1987年から1991年までNHK「ラジオ基礎英語」の講師をつとめる。『ライトハウス和英』と『ルミナス和英』（研究社）の編集委員。著書に『漱石の留学とハムレット』（リーベル出版）などがある。

田中典子（たなか　のりこ）

早稲田大学卒業、同大学院修士課程修了。オーストラリアの現キャンベラ大学（TESOL, M.A.）、英国のランカスター大学（言語学、Ph.D.）へ留学。明海大学教授を経て、現在、清泉女子大学教授。専攻は語用論。著書に『プラグマティクス・ワークショップ』（春風社）、訳書に『語用論入門―話し手と聞き手の相互交渉が生み出す意味』（共訳、研究社）などがある。

ウィリアム　W．ウエスト（William W. West）

北アイオワ大学卒業後、アイオワ州立大学大学院修士課程修了（M.A.）、シラキュース大学大学院博士課程修了（Ph.D）。南フロリダ大学教授、明海大学教授として英語教育に貢献。英語テキストをはじめ、英語教育関連の著書が多数ある。

留学英会話ハンドブック　改訂版

2010年3月25日	初版発行
2017年1月20日	4刷発行

著　者　仁木久恵
　　　　田中典子
　　　　ウィリアム W. ウエスト

発行者　関戸雅男

印刷所　研究社印刷株式会社

KENKYUSHA
〈検印省略〉

発行所　株式会社　研究社

〒102-8152
東京都千代田区富士見 2-11-3
電話（編集）03(3288)7711（代）
　　（営業）03(3288)7777（代）
振替　00150-9-26710

© Hisae Niki and Noriko Tanaka, 2010
Printed in Japan / ISBN 978-4-327-45228-5　C 1082
http://www.kenkyusha.co.jp/

装丁：高橋良太（ヒップスター・デザイン・スタジオ）
本文イラスト：高野美奈